~ FAIT MAISON ~

RECETTES TESTÉES À LA MAISON

SALADES

FAIT MAISON

RECETTES TESTÉES À LA MAISON

SALADES

ISABELLE GUERRE

Photographies : Aline Princet
Stylisme : Isabelle Guerre

hachette
CUISINE

SOMMAIRE

SALADES EXOTIQUES

SALADES CLASSIQUES

PÂTES ET RIZ

GRAINES, LÉGUMINEUSES ET CÉRÉALES

SALADES EN ROULEAUX

SALADES DE FRUITS

INTRODUCTION

Les salades composées sont un domaine infini ! On se souvient tous des salades de riz ou de pâtes de notre enfance, partagées lors des grandes fêtes de famille. Mais la salade composée, c'est bien plus que ça.

Dans le monde entier, on retrouve ce type de plat, plein de fraîcheur et de bons produits. C'est une excellente façon de déguster des légumes variés, crus ou cuits, des céréales ou des féculents divers.

C'est aussi un plat complet parfait, ou encore à emporter dans sa lunch box au travail si on ajoute aux légumes des protéines, sous forme de viande, de poisson ou d'œuf par exemple, et des féculents pour en faire un repas simple et réconfortant.

BIEN S'ORGANISER

LE MATÉRIEL INDISPENSABLE

- De bons couteaux pour émincer, ciseler, tailler vos légumes.
- Une mandoline peut être une alliée de taille pour réaliser des découpes régulières en grandes quantités, ainsi que les rasoirs à légumes ou à julienne. Le robot peut aussi remplir cet office même si il n'a pas ma préférence car il a parfois tendance à écraser les légumes et leur faire rendre de l'eau. Ils perdent alors en croquant et en fraîcheur.
- Une planche à découper de bonne taille, quelques saladiers ou belles assiettes pour de jolies présentations.

LES HUILES

Une grande variété d'huiles s'offre à vous, n'hésitez pas à en choisir plusieurs, sélectionnez-les autant pour leur goût que pour leurs apports nutritifs.

Parmi toute cette variété, l'huile d'olive tient une place de choix, mais n'oublions pas l'huile de tournesol ou celle de colza au goût plus neutre qui ne nuira pas aux autres ingrédients.

L'huile de colza bio est, certes, plus parfumée mais se marie très bien avec les endives ou le fenouil par exemple.

L'huile de sésame a un goût très présent ce qui fait qu'on ne l'utilisera qu'en petites quantités : pour relever le goût d'une vinaigrette, pour préparer une sauce extrêmement légère avec d'autres ingrédients. Il en est de même pour l'huile de noix ou de noisette qui viendra apporter du parfum à une huile plus neutre.

LES VINAIGRES

Ils sont tout aussi variés que les huiles. Le plus utilisé chez nous est certainement le vinaigre de vin rouge, qui a un goût puissant.

Il existe également des vinaigres de cidre ou de riz aux parfums plus doux qui se marieront mieux avec des ingrédients aux goûts plus délicats. Les vinaigres aromatisés au miel ou aux herbes apportent une petite touche parfumée. Les jus d'agrumes rempliront le même office avec une note plus fruitée et fraîche.

Le vinaigre balsamique est bien connu pour ses notes caramélisées et douces, ainsi que sa couleur brune caractéristique. Il ne faut pas ignorer son cousin blanc qui apporte une touche acide et presque sucrée tout aussi agréable sans l'inconvénient de colorer la sauce.

LES HERBES ET LES ÉPICES

Toutes les herbes fraîches comme le persil, le basilic, la coriandre, etc., ainsi que les épices comme le curry, le paprika, le cumin apportent encore plus de parfums aux salades. N'hésitez pas à les utiliser.

SAISONNALITÉ DES LÉGUMES

	JANVIER	FÉVRIER	MARS	AVRIL	MAI
ARTICHAUT					
ASPERGES BLANCHES					
ASPERGES VERTES					
AUBERGINE					
BETTE					
BETTERAVE					
BROCOLI					
CAROTTE					
CÉLERI BRANCHE					
CÉLERI-RAVE					
CHOU BLANC					
CHOU DE BRUXELLES					
CHOU FRISÉ					
CHOU ROMANESCO					
CHOU ROUGE					
CHOU-FLEUR					
CITROUILLE					
CONCOMBRE					
COURGE BUTTERNUT					
COURGETTE					
ÉPINARD					
FENOUIL					
HARICOT					
NAVET					
OIGNON					
OIGNON (PETIT OIGNON BLANC)					
PANAIS					
PETITS POIS					
POIREAU					
POIS GOURMANDS					
POIVRON					
POMME DE TERRE					
POTIMARRON					
POTIRON					
RADIS					
SALSIFIS					
TOMATE					

JUIN	JUILLET	AOÛT	SEPTEMBRE	OCTOBRE	NOVEMBRE	DÉCEMBRE

SAISONNALITÉ DES FRUITS

	JANVIER	FÉVRIER	MARS	AVRIL	MAI
ABRICOT					
AMANDE					
ANANAS	■	■	■	■	
AVOCAT	■	■	■	■	■
BANANE	■	■	■	■	■
CASSIS					
CERISE					
CITRON	■	■	■	■	■
CLÉMENTINE	■	■			
COING					
DATTE					
FIGUE					
FRAISE					■
FRAMBOISE					
FRUIT DE LA PASSION	■	■	■	■	■
GRENADE	■	■			
GROSEILLE					
GROSEILLE À MAQUEREAU					
KAKI	■				
KIWI	■	■	■	■	■
KUMQUAT	■	■	■	■	■
LITCHI	■				
MANDARINE	■	■	■		
MANGUE				■	■
MELON					
MIRABELLE					
MÛRE					
MYRTILLE					
NECTARINE					
NOISETTE					
NOIX					
ORANGE	■	■			
PAMPLEMOUSSE	■	■			
PAPAYE					
PASTÈQUE					
PÊCHE					
POIRE					
POMME	■	■	■	■	
QUETSCHE					
RAISIN					
REINE-CLAUDE					
RHUBARBE				■	■

JUIN	JUILLET	AOÛT	SEPTEMBRE	OCTOBRE	NOVEMBRE	DÉCEMBRE

SAISONNALITÉ DES SALADES

	BATAVIA	CRESSON	ENDIVE	FEUILLE DE CHÊNE	FRISÉE	LAITUE
JANVIER	■		■	■	■	■
FÉVRIER	■	■	■	■	■	■
MARS	■	■	■	■	■	■
AVRIL	■	■		■	■	■
MAI	■			■	■	■
JUIN	■			■	■	■
JUILLET	■			■	■	■
AOÛT	■			■	■	■
SEPTEMBRE	■	■		■	■	■
OCTOBRE	■	■		■	■	■
NOVEMBRE	■	■	■	■	■	■
DÉCEMBRE	■		■	■	■	■

	MÂCHE	POUSSES D'ÉPINARDS	ROMAINE	ROQUETTE	SCAROLE	SUCRINE
JANVIER	■	■	■		■	
FÉVRIER	■	■	■		■	
MARS		■	■		■	
AVRIL		■	■	■	■	■
MAI			■	■	■	■
JUIN			■	■	■	■
JUILLET			■	■	■	■
AOÛT			■	■	■	■
SEPTEMBRE			■	■	■	■
OCTOBRE			■		■	
NOVEMBRE	■	■	■		■	
DÉCEMBRE	■	■	■		■	

TECHNIQUES

1
2
3
4
5
6

LES DIFFÉRENTES DÉCOUPES DE LÉGUMES

1. TAGLIATELLES AU RASOIR

Lavez soigneusement les légumes (surtout si vous conservez la peau, pour les courgettes par exemple). Épluchez-les si besoin, puis réalisez des tagliatelles en posant le rasoir à plat et en continuant à « peler » le légume. Tournez le légume au fur et à mesure pour obtenir des tagliatelles régulières.

2. JULIENNE AU RASOIR

Lavez soigneusement les légumes (surtout si vous conservez la peau, pour les courgettes par exemple). Épluchez-les si besoin, puis réalisez la julienne à l'aide du rasoir en tournant autour du légume. Le rasoir à julienne ressemble au rasoir à peler, avec des petites lames perpendiculaires qui permettent de découper les bâtonnets.

3. JULIENNE AU COUTEAU

Lavez soigneusement les légumes (surtout si vous conservez la peau, pour les courgettes par exemple). Épluchez-les si besoin. Coupez les légumes en tranches régulières et fines dans l'épaisseur, puis taillez chaque tranche en fins bâtonnets.

4. TRANCHES À LA MANDOLINE

Lavez soigneusement les légumes (surtout si vous conservez la peau, pour les courgettes par exemple). Épluchez-les si besoin. Coupez les légumes en tronçons, puis débitez-les en rondelles fines avec la mandoline. Prenez bien garde à vos doigts et utilisez les gardes proposées avec l'appareil.

5. ÉMINCER AU COUTEAU

Cette technique est idéale pour réaliser des chiffonnades de salade, pour du chou, des herbes ou des condiments.

6. RÂPER À L'AIDE D'UNE RÂPE

Lavez soigneusement les légumes (surtout si vous conservez la peau, pour les courgettes par exemple). Épluchez-les si besoin. Coupez les légumes en tronçons, puis râpez-les, à l'aide d'une râpe manuelle ou d'un robot. Cette découpe est idéale si vous souhaitez consommer les légumes crus (les carottes par exemple). Plus la grille de la râpe est grosse, plus les légumes seront croquants.

LES SAUCES

VINAIGRETTE CLASSIQUE

POUR 4 PERSONNES
5 MIN DE PRÉPARATION

2 cuil. à soupe de moutarde de Dijon • 5 cl de vinaigre de vin • 15 cl d'huile au choix (olive, tournesol, colza) • Sel, poivre

1 Dans un bol, délayez la moutarde avec le vinaigre, le sel et le poivre. Ajoutez l'huile en filet et en remuant doucement pour bien émulsionner l'ensemble, un peu comme pour une mayonnaise.

2 Cette vinaigrette se conserve bien dans un pot fermé. N'hésitez pas à en préparer une plus grande quantité afin d'en avoir pour toute la semaine, par exemple.

VARIANTES
Ajoutez à cette vinaigrette de l'ail pressé, des échalotes hachées ou encore les herbes fraîches de votre choix.

VINAIGRETTE AU MIEL

POUR 4 PERSONNES
5 MIN DE PRÉPARATION

2 cuil. à soupe de miel liquide • 5 cl de vinaigre balsamique • 15 cl d'huile d'olive • 1 cuil. à soupe d'eau • Sel, poivre

1 Délayez le miel avec le vinaigre, puis incorporez l'huile en fouettant doucement et enfin l'eau. Salez, poivrez.

VINAIGRETTE TOMATE-BASILIC

POUR 4 PERSONNES
10 MIN DE PRÉPARATION

1 tomate bien mûre • ½ bouquet de basilic • 10 cl d'huile d'olive • 3 cl de vinaigre de vin • Sel, poivre

1 Lavez, puis coupez la tomate en morceaux. Épépinez-la.

2 Dans le bol d'un blender, déposez la tomate et le basilic. Mixez quelques instants, puis ajoutez l'huile et le vinaigre. Salez et poivrez. Mixez à nouveau pour obtenir une sauce onctueuse et utilisez-la rapidement.

VINAIGRETTE POIVRON-CORIANDRE

POUR 4 PERSONNES
5 MIN DE PRÉPARATION

1 poivron grillé en bocal • 3 cuil. à soupe d'huile d'olive • 3 cuil. à soupe d'eau • 2 cuil. à soupe de vinaigre de cidre ou balsamique blanc • Sel, poivre • ½ bouquet de coriandre fraîche

1 Coupez grossièrement le poivron en morceaux et mettez-les dans le bol d'un mixeur. Ajoutez l'huile d'olive, l'eau, le vinaigre, salez et poivrez, puis ajoutez la coriandre. Mixez finement pour obtenir une sauce fluide. Servez immédiatement ou réservez au frais.

SAUCE JAPONAISE AU MISO

- POUR 4 PERSONNES
- 5 MIN DE PRÉPARATION
- 3 MIN DE CUISSON

1 cuil. à soupe de graines de sésame • 1 belle cuil. à soupe de miso (pâte de soja fermenté) • 1 cuil. à soupe de sauce tamari (sauce de soja fermenté) • 3 cuil. à soupe d'huile neutre (tournesol) • 2 cuil. à soupe d'huile de sésame • 2 cuil. à soupe de vinaigre de riz

1 Dans une petite poêle, faites griller à sec les graines de sésame en remuant constamment pendant 2 ou 3 min.

2 Mélangez le miso avec la sauce tamari. Ajoutez les huiles et le vinaigre en mélangeant puis les graines de sésame grillées.

SAUCE TAHINÉ LIBANAISE

- POUR 4 PERSONNES
- 5 MIN DE PRÉPARATION

3 cuil. à soupe de tahiné (purée de sésame) • Le jus de 1 citron • 4 ou 5 cuil. à soupe d'eau • 1 gousse d'ail pressée • Sel, poivre

1 Mélangez le tahiné avec le jus de citron à l'aide d'un petit fouet. Le mélange va devenir grumeleux.

2 Incorporez l'eau petit à petit en continuant à fouetter, la sauce va redevenir lisse au fur et à mesure. Salez et poivrez, puis ajoutez la gousse d'ail pressée. Mélangez et servez.

VINAIGRETTE EXTRA-LÉGÈRE

- POUR 6 PERSONNES
- 10 MIN DE PRÉPARATION
- 5 MIN DE CUISSON

3 cuil. à café de Maïzena • 2 cuil. à soupe + 40 cl d'eau • 1 cuil. à café de sel • 4 cuil. à café de moutarde de Dijon • 7 cl de vinaigre de vin • 1 cuil. à café de poivre • 7 cl d'huile d'olive de bonne qualité, ou d'huile de tournesol, ou encore un mélange d'huile de tournesol et d'huile de noix

1 Délayez la Maïzena dans 2 cuil. à soupe d'eau froide. Dans une casserole, portez l'eau à ébullition avec le sel. Versez le mélange eau-Maïzena en fouettant. Faites épaissir en remuant quelques instants, puis retirez du feu et laissez refroidir en mélangeant de temps en temps.

2 Mélangez la moutarde et le vinaigre. Poivrez, puis incorporez l'huile petit à petit. Lorsque le premier mélange est froid, ajoutez-le. Conservez la préparation au réfrigérateur dans une bouteille fermée et aromatisez-la avec des herbes fraîches, des épices, des échalotes ou de l'ail au dernier moment.

SAUCE THAÏE

- POUR 4 PERSONNES
- 5 MIN DE PRÉPARATION

5 cuil. à soupe d'eau • 2 cuil. à soupe d'huile de sésame • Le jus de 1 citron vert • 4 cuil. à soupe de nuoc-mâm (sauce de poisson) • 1 cuil. à café de sucre en poudre • 1 petit piment rouge thaï • 4 ou 5 brins de coriandre fraîche

1 Mélangez l'eau, l'huile, le jus de citron, le nuoc-mâm et le sucre. Coupez le piment en deux, retirez les graines et émincez-le finement. Ajoutez-le à la sauce avec la coriandre ciselée.

PESTO DE BASILIC

- POUR UN POT D'ENVIRON 200 G DE PESTO
- 10 MINUTES DE PRÉPARATION

1 grosse gousse d'ail • 1 beau bouquet de basilic frais • 20 g de pignons de pin (ou d'amandes mondées) • 10 cl d'huile d'olive • 2 cuil. à soupe de parmesan râpé • Fleur de sel, poivre

1 Épluchez la gousse d'ail, puis coupez-la en morceaux. Lavez et effeuillez le basilic.

2 Placez les feuilles de basilic dans le bol d'un mixeur avec l'ail, les pignons de pin, 1 pincée de fleur de sel et poivrez. Mixez par à-coups pour réduire les feuilles en purée grossière. Ajoutez l'huile d'olive et mixez à nouveau pour obtenir la consistance d'une purée. Versez dans un bol, ajoutez le parmesan et mélangez.

3 Pour conserver le pesto, placez-le dans un pot et couvrez la surface avec une fine couche d'huile d'olive pour éviter son oxydation. Vous pourrez conserver ce pesto environ une semaine au réfrigérateur.

SAUCE AIGRE-DOUCE AU TAHINÉ ET MÉLASSE DE GRENADE

- POUR 4 PERSONNES
- 5 MIN DE PRÉPARATION

2 cuil. à soupe de tahiné (purée de sésame) • 4 cuil. à soupe de yaourt nature • 1 cuil. à soupe de mélasse de grenade • Le jus de ½ citron • Sel, poivre

1 Mélangez le tahiné avec le yaourt, la mélasse de grenade et le jus de citron à l'aide d'un petit fouet. Salez et poivrez. Servez avec des légumes crus ou cuits.

VINAIGRETTE AU CITRON VERT

- POUR 4 PERSONNES
- 5 MIN DE PRÉPARATION

15 cl d'huile de tournesol • Le jus et le zeste de 1 citron vert, ou de ½ citron jaune, ou de ½ orange • Sel, poivre

1 Mélangez l'huile et le jus de citron vert. Ajoutez le zeste, salez et poivrez, puis servez.

VINAIGRETTE ITALIENNE

- POUR 4 PERSONNES
- 5 MIN DE PRÉPARATION

1 gousse d'ail • 5 cl de vinaigre balsamique blanc • 15 cl d'huile d'olive • 1 cuil. à soupe d'origan séché • Sel, poivre

1 Pressez l'ail sur le saladier, ajoutez le vinaigre et l'huile, puis émulsionnez le tout. Salez et poivrez. Terminez en incorporant l'origan séché.

SALADES MÉDITERRANÉENNES

SALADE DE COURGETTES
VAPEUR, FETA ET CORIANDRE, SAUCE TAHINÉ

POUR 4 PERSONNES

PRÉPARATION : 10 MIN
CUISSON : 8 MIN

FACILE
COÛT €

MATÉRIEL

Presse-ail

4 courgettes jaunes ou vertes • 8 petits oignons de printemps • 1 grosse poignée de coriandre fraîche • 150 g de feta • Un peu de gomasio (mélange de sel et graines de sésame) **POUR LA SAUCE :** 4 cuil. à soupe de tahiné (purée de sésame) • 4 cuil. à soupe de jus de citron (ou plus, selon votre goût) • 4 cuil. à soupe d'eau • 1 gousse d'ail • Sel, poivre

1 Lavez et coupez les courgettes en tranches d'environ 5 mm d'épaisseur. Pelez les oignons et coupez-les en deux. Faites cuire tous les légumes à la vapeur pendant 8 à 10 min : les courgettes doivent être juste croquantes.

2 Ciselez la coriandre. Découpez la feta en petits cubes.

3 Préparez la sauce. Dans un bol, mélangez le tahiné et le jus de citron. La préparation doit épaissir, ajoutez progressivement l'eau en mélangeant délicatement jusqu'à obtenir la consistance souhaitée. Rajoutez un peu d'eau si vous trouvez la sauce trop épaisse. Pressez la gousse d'ail à l'aide du presse-ail et incorporez-la à la sauce. Salez et poivrez.

4 Déposez les légumes tièdes sur un plat et arrosez-les d'un peu de sauce. Disposez les cubes de feta et la coriandre ciselée dans le plat, puis arrosez de nouveau de sauce. Terminez en parsemant le tout de gomasio.

CONSEIL

Le tahiné est une purée de sésame qui est utilisée dans la confection du houmous. On la trouve dans les épiceries orientales ou dans les magasins bio (avec les purées d'amandes, de noisettes...) en version blanche ou complète. Plus le sésame est complet, plus l'amertume sera prononcée.

SALADE DE TAGLIATELLES
DE COURGETTE, HALLOUMI ET TOMATES CERISE

POUR 4 PERSONNES

PRÉPARATION : 20 MIN
CUISSON : 5 MIN

FACILE
COÛT €

MATÉRIEL

Mandoline, ou économe, ou grand couteau bien aiguisé
Gril en fonte, ou plancha, ou barbecue

8 petites courgettes toutes jeunes • Huile d'olive • Un peu de zataar • 250 g de halloumi traditionnel • 2 belles poignées de tomates cerise • 1 filet de jus de citron • Poivre

1 Lavez les courgettes. Détaillez-les en rubans réguliers d'environ 3 mm de large avec la mandoline. À l'aide d'un pinceau, badigeonnez-les d'huile d'olive.

2 Faites chauffer le gril en fonte et faites griller les tagliatelles de courgettes en retournant régulièrement jusqu'à ce qu'elles soient grillées et souples. Saupoudrez-les de zataar sur les deux côtés et placez-les de nouveau sur le gril. Réservez.

3 Coupez le halloumi en petites tranches et faites-les griller sur les deux faces. Vous pouvez aussi utiliser une poêle antiadhésive, sans matière grasse : le fromage attachera moins que sur le gril.

4 Dressez les tagliatelles de courgettes grillées dans un grand plat ou directement dans les assiettes de service. Ajoutez les tomates cerise coupées en deux et les tranches de fromage grillé. Parsemez de zataar, arrosez d'un beau filet de jus de citron et d'un autre d'huile d'olive, poivrez et servez.

CONSEILS
Le zaatar est un mélange libanais de sumac (une plante acidulée), de thym et de graines de sésame. Il se trouve facilement dans les épiceries orientales, tout comme le halloumi qui est un fromage de brebis à la pâte dense et salée.

CHAKCHOUKA

POUR 4 PERSONNES

FACILE
COÛT €

PRÉPARATION : 10 MIN
CUISSON : 40 MIN

1 gros oignon • 2 grosses gousses d'ail • 2 cuil. à soupe d'huile d'olive • 4 tomates • 2 poivrons rouges • 1 poivron vert • 1 poivron jaune • Sel, poivre

1 Épluchez et émincez l'oignon et l'ail finement. Dans une poêle, faites-les revenir dans l'huile d'olive pendant 10 min en remuant souvent.

2 Émondez les tomates. Faites bouillir un grand volume d'eau et remplissez un saladier d'eau froide. Lavez les tomates et faites une croix au couteau sur le dessus. Plongez-les 30 s dans l'eau bouillante, puis immédiatement dans l'eau froide. À l'aide d'un couteau, ôtez la peau en partant de la croix : la peau va se retirer toute seule. Coupez-les en quartiers et retirez les graines.

3 Lavez et détaillez les poivrons en lanières. Ajoutez les tomates et les poivrons dans la poêle, salez et poivrez, puis laissez compoter le tout pendant 30 min en remuant. Servez tiède ou froid accompagné de pain plat.

VARIANTE

Vous pouvez aussi servir cette recette en plat chaud complet. Préchauffez le four à 200 °C (th. 6-7). Répartissez la salade dans des plats à four individuels et cassez 1 œuf dans chacun d'eux. Enfournez pour 10 min de cuisson.

SALADE DE ROQUETTE, FIGUES FRAÎCHES, MOZZARELLA ET JAMBON CRU

POUR 4 PERSONNES

FACILE
COÛT €€

PRÉPARATION : 15 MIN

150 g de roquette • 3 cuil. à soupe de pignons de pin • 12 figues fraîches • 4 tranches de jambon de Parme • 1 boule de mozzarella di buffala
POUR LA VINAIGRETTE AU MIEL : 2 cuil. à soupe de vinaigre balsamique • 1 grosse cuil. à soupe de miel • 5 cuil. à soupe d'huile d'olive • Sel, poivre

1 Lavez et essorez la roquette. Dans une poêle, faites griller à sec les pignons en les remuant souvent jusqu'à ce qu'ils soient juste dorés. Réservez sur une assiette. Coupez les figues en quatre dans le sens de la hauteur, sans aller jusqu'au bout pour former des « fleurs ».

2 Dans chaque assiette de service, déposez un lit de roquette et répartissez les « fleurs » de figues. Déposez un peu de chiffonnade de jambon cru au creux de chaque figue. Déchirez la mozzarella en morceaux et parsemez-en les assiettes.

3 Préparez la vinaigrette : mélangez le vinaigre et le miel. Salez et poivrez, puis ajoutez l'huile d'olive. Versez un peu de vinaigrette sur chaque assiette. Terminez en les parsemant de pignons grillés et servez.

VARIANTE
Garnissez les « fleurs » de figues de mozzarella et de jambon, puis faites-les rôtir au four en mode gril, pendant quelques minutes, avant de les déposer sur les assiettes de salade.

SALADE DE POULET
AUX PÊCHES GRILLÉES ET À LA FETA

POUR 4 PERSONNES

PRÉPARATION : 15 MIN
CUISSON : 10 MIN

FACILE
COÛT €€

MATÉRIEL

Gril en fonte (facultatif)

2 barquettes d'aiguillettes de poulet (environ 300 g) • Un peu d'huile d'olive • 4 pêches pas trop mûres • 1 sachet de salade (roquette, mesclun, jeunes pousses, etc.) • 100 g de feta • Sel, poivre **POUR LA SAUCE :** 3 cuil. à soupe d'huile d'olive • 3 cuil. à soupe de vinaigre de cidre (ou aromatisé aux fruits) • 1 cuil. à thé de miel liquide • 1 piment rouge épépiné et haché

1 Versez quelques gouttes d'huile sur les aiguillettes de poulet, salez, poivrez et mélangez. Faites-les cuire sur le gril en fonte, afin d'obtenir de jolies rayures, ou à la poêle. Réservez.

2 Découpez les pêches en quartiers et huilez-les à l'aide d'un pinceau. Sur le gril, ou dans la poêle, faites-les cuire 1 ou 2 min sur chaque face. Réservez avec les aiguillettes de poulet.

3 Préparez la sauce en mélangeant l'huile avec le vinaigre, le miel et le piment haché.

4 Dressez la salade dans le plat de service, disposez les aiguillettes de poulet et les pêches tièdes par-dessus, émiettez la feta sur l'ensemble et arrosez de sauce. Laissez mariner quelques instants avant de déguster.

SALADE MAROCAINE
DE CAROTTES AU CUMIN ET À LA CORIANDRE

POUR 4 PERSONNES

FACILE
COÛT €

PRÉPARATION : 15 MIN
CUISSON : 15 MIN

8 carottes • Le jus de 1 citron • 6 cuil. à soupe d'huile d'olive • 1 cuil. à soupe de cumin en poudre • Quelques graines de cumin • 4 brins de coriandre fraîche • Sel, poivre

1 Lavez et épluchez les carottes, puis détaillez-les en rondelles régulières. Faites-les cuire à la vapeur ou à la cocotte pour qu'elles soient juste tendres.

2 Préparez la sauce en mélangeant le jus de citron, l'huile d'olive, le cumin en poudre et en graines, puis salez et poivrez.

3 Une fois les carottes cuites, mélangez-les avec la sauce et laissez tiédir quelques instants avant de parsemer le tout de coriandre ciselée.

CONSEIL

Cette salade est délicieuse avec de l'agneau grillé ou un tajine.

SALADE DE COURGETTES
CRUES À LA FETA ET À LA MENTHE

POUR 4 PERSONNES

10 MIN DE PRÉPARATION

FACILE
COÛT €

MATÉRIEL

Rasoir à julienne ou mandoline

4 courgettes jeunes et non traitées • 150 g de feta • 2 brins de menthe • Huile d'olive • Vinaigre balsamique blanc ou jus de citron • Sel, poivre du moulin

1 Lavez et détaillez les courgettes, sans les éplucher, en longs filaments à l'aide d'un rasoir à julienne ou d'une mandoline (voir p. 13).

2 Coupez la feta en petits dés. Dans le saladier, mélangez les courgettes, la feta et la menthe ciselée.

3 Assaisonnez à votre goût avec 1 filet d'huile d'olive, un peu de vinaigre ou de jus de citron, du sel et du poivre.

CONSEIL
Détaillez bien les légumes en julienne au rasoir ou à la mandoline, car la râpe a tendance à faire ressortir l'eau des légumes et cela détremperait la salade en créant trop de jus.

FATOUCHE LIBANAISE

POUR 4 PERSONNES

FACILE
COÛT €

PRÉPARATION : 15 MIN
CUISSON : 10 MIN

3 pains plats libanais • 2 + 6 cuil. à soupe d'huile d'olive • 2 cuil. à soupe de zaatar • 1 cœur de laitue romaine • 4 tomates • ½ concombre • 1 oignon blanc doux • ½ bouquet de persil • 3 brins de menthe • Un peu de vinaigre de vin • Sel, poivre

1 Préchauffez le four à 180 °C (th. 6). Séparez les pains libanais en deux : ils sont composés de 2 couches qui se séparent facilement. Dans un petit bol, mélangez 2 cuil. à soupe d'huile d'olive, le zaatar et un peu de sel. À l'aide d'un pinceau, enduisez les pains de cette préparation.

2 Enfournez les pains pour 10 min de cuisson, jusqu'à ce qu'ils soient un peu dorés et croustillants. Laissez refroidir quelques instants, puis cassez-les en morceaux.

3 Effeuillez le cœur de laitue. Lavez et coupez les tomates en quartiers et le concombre en dés. Épluchez et émincez finement l'oignon. Lavez et ciselez le persil et la menthe.

4 Dans un plat, dressez la salade : commencez par la laitue, puis ajoutez les tomates, le concombre, l'oignon, le persil et la menthe. Assaisonnez avec les 6 cuil. à soupe d'huile d'olive et un peu de vinaigre de vin, salez et poivrez.

5 Au dernier moment, ajoutez les morceaux de pain grillés dans la salade et mélangez le tout. Les morceaux de pain resteront légèrement croustillants tout en absorbant un peu de jus...

CONSEILS
• Le zaatar est un mélange libanais de sumac (une plante acidulée), de thym et de graines de sésame. Il se trouve facilement dans les épiceries orientales, tout comme le halloumi qui est un fromage de brebis à la pâte dense et salée.
• Les pains libanais (ou pains lavash) sont des pains plats très fins. On en trouve parfois au rayon pain des supermarchés ou dans les épiceries orientales.

HARICOTS VERTS
À LA PROVENÇALE, FROMAGE DE CHÈVRE ET VINAIGRETTE À LA TAPENADE

POUR 4 PERSONNES

FACILE
COÛT €€

PRÉPARATION : 20 MIN
CUISSON : 12 MIN

800 g de haricots verts frais • 100 de fromage de chèvre mi-affiné (picodon, crottin de Chavignol) • 100 g de tomates confites à l'huile
POUR LA VINAIGRETTE : 2 cuil. à soupe de tapenade noire • 3 cuil. à soupe d'huile d'olive (récupérée dans le bocal des tomates confites) • 2 cuil. à soupe de vinaigre balsamique • ½ cuil. à café d'herbes de Provence • Sel, poivre

1 Équeutez et rincez les haricots verts. Faites-les faire cuire à la vapeur pendant 12 min : ils doivent être juste croquants.

2 Pendant ce temps, préparez la vinaigrette en mélangeant tous les ingrédients.

3 Arrosez les haricots verts encore chauds de vinaigrette et laissez tiédir.

4 Coupez le fromage de chèvre en lamelles moyennes. Déposez ces lamelles ainsi que les tomates confites sur la salade juste avant de servir.

SALADE DE COURGETTES
À LA VAPEUR ET À LA MENTHE COMME AU MAROC

POUR 4 PERSONNES

FACILE
COÛT €

PRÉPARATION : 10 MIN
CUISSON : 8-10 MIN

8 petites courgettes jeunes non traitées • ½ bouquet de menthe fraîche **POUR LA VINAIGRETTE :** 5 cuil. à soupe d'huile d'olive • 3 cuil. à soupe de jus de citron • Sel, poivre

1 Lavez et coupez les courgettes en rondelles de 5 mm d'épaisseur. Faites-les cuire à la vapeur pendant 8 à 10 min : il faut qu'elles soient tout juste tendres, mais encore un peu croquantes.

2 Préparez la vinaigrette en mélangeant l'huile, le jus de citron et du sel et du poivre. Arrosez les courgettes tièdes de vinaigrette et laissez refroidir.

3 Effeuillez la menthe et ciselez-la légèrement, sans multiplier les coups de couteau sinon elle risque de noircir. Ajoutez-la juste au moment de servir.

SALADE DE PASTÈQUE, FETA ET BASILIC

POUR 4 PERSONNES

10 MIN DE PRÉPARATION

FACILE
COÛT €

½ pastèque • 200 g de feta • 1 bouquet de basilic • 5 cuil. à soupe de huile d'olive de qualité • Poivre du moulin

1 Coupez la pastèque en tranches, ôtez la peau et épépinez-la. Découpez la chair en dés. Déposez-les dans un saladier.

2 Coupez la feta en cubes. Lavez et effeuillez le basilic. Ajoutez le tout dans le saladier et mélangez délicatement.

3 Assaisonnez avec l'huile d'olive et poivrez généreusement.

VARIANTES

Cette salade est originaire d'Iran, où elle est en général servie au petit déjeuner. Vous pouvez ajouter de l'oignon rouge émincé finement, ou remplacer le basilic par de la menthe fraîche. Par contre, il est inutile d'ajouter du sel : la feta est un fromage naturellement très salé.

SALADES EXOTIQUES

SALADE DE CONCOMBRE
ET DE CAROTTES CROQUANTS AUX PARFUMS THAÏS

POUR 4 PERSONNES

PRÉPARATION : 10 MIN

FACILE
COÛT €

MATÉRIEL

Rasoir à julienne ou mandoline

1 concombre • 3 carottes • 40 g de cacahuètes grillées salées **POUR LA SAUCE :** 3 cuil. à soupe de nuoc-mâm (sauce de poisson) • 2 cuil. à soupe de sauce sweet chili • 2 cuil. à soupe de jus de citron vert • Quelques gouttes d'huile de sésame • 6 feuilles de menthe ou de la coriandre

1 Lavez et épluchez le concombre et les carottes. Détaillez-les en julienne avec un rasoir spécial, ou découpez-les d'abord en tranches fines de 2 ou 3 mm avec une mandoline, puis détaillez-les en julienne au couteau.

2 Mélangez dans un bol le nuoc-mâm et la sauce sweet chili, le jus de citron vert, l'huile de sésame et les feuilles de menthe ou la coriandre ciselées.

3 Concassez grossièrement les cacahuètes avec un couteau sur une planche. Dans un plat, mélangez les légumes et la sauce. Parsemez de cacahuètes concassées et servez immédiatement.

CONSEILS

• La découpe en julienne est importante pour cette salade. Si vous râpiez les légumes, ils rendraient trop d'eau.
• La sauce sweet chili est une sauce pimentée et sucrée typiquement thaïe. On la trouve au rayon asiatique des supermarchés. Elle se marie très bien avec le poulet.
• Cette vinaigrette est presque sans matière grasse et très parfumée. Elle s'accorde bien avec de simples légumes vapeur.

SALADE JAPONAISE
DE CONCOMBRE AU SÉSAME

POUR 4 PERSONNES

PRÉPARATION : 15 MIN
CUISSON : 3 MIN

FACILE
COÛT €

MATÉRIEL

Mandoline ou rasoir à légumes

1 concombre non traité • 2 cuil. à soupe de graines de sésame • 2 cuil. à soupe de vinaigre de riz • 1 cuil. à café de sucre en poudre • 1 cuil. à café de wasabi en pâte • 2 cuil. à soupe d'huile de sésame • ¼ de botte de ciboulette

1 Lavez le concombre et coupez-le en deux dans le sens de la longueur, puis en tranches d'environ 3 mm d'épaisseur à l'aide d'une mandoline, d'un couteau bien aiguisé ou d'un rasoir à légumes.

2 Faites griller à sec les graines de sésame dans une petite poêle en les remuant souvent. Réservez. Préparez la sauce en mélangeant le vinaigre de riz et le sucre jusqu'à ce que ce dernier soit complètement dissous. Incorporez le wasabi et l'huile de sésame.

3 Versez la sauce sur les tranches de concombre, ajoutez les graines de sésame torréfiées et mélangez soigneusement. Parsemez de ciboulette ciselée et servez aussitôt.

VARIANTE

Vous pouvez faire dégorger les tranches de concombre dans une passoire en les saupoudrant de sel et en les laissant reposer 30 min mais la salade perdra alors son côté croquant. Accompagnez-la d'un bol de riz et de brochettes yakitori.

SALADE MEXICAINE
TOUTE LÉGÈRE AUX CREVETTES

POUR 4 PERSONNES

PRÉPARATION : 15 MIN
CUISSON : 4 MIN

FACILE
COÛT €€

MATÉRIEL

Blender ou mixeur

1 bocal de poivrons grillés • 3 cuil. à soupe d'huile d'olive • 3 cuil. à soupe d'eau • 2 cuil. à soupe de jus de citron vert • ½ bouquet de coriandre fraîche • 1 bocal de cœurs de palmier • 2 avocats • 1 boîte de 280 g de maïs en grains • 2 gousses d'ail • 1 piment rouge • 1 cuil. à soupe d'origan séché • 300 g de crevettes fraîches crues et décortiquées (ou déjà cuites, en barquette) • ½ cuil. à café de paprika • Sel, poivre

1 Préparez la sauce. Détaillez grossièrement 1 poivron grillé et mettez-le dans le blender. Ajoutez 2 cuil. à soupe d'huile d'olive, l'eau, le jus de citron vert, du sel, du poivre et la moitié de la coriandre fraîche. Mixez le tout finement pour obtenir une sauce fluide. Réservez.

2 Coupez le reste des poivrons en dés et les cœurs de palmier en rondelles. Pelez et découpez les avocats en dés. Rincez et égouttez le maïs. Mélangez tous les légumes dans un plat.

3 Épluchez et émincez l'ail et le piment. Dans une poêle, faire chauffer 1 cuil. à soupe d'huile et faites-y revenir l'ail, le piment, l'origan séché et les crevettes pendant quelques minutes si elles sont crues, ou quelques secondes si elles sont déjà cuites. Saupoudrez de paprika.

4 Dans un plat, versez un fond de sauce au poivron, puis ajoutez les légumes et les crevettes. Arrosez encore d'un peu de sauce ou servez-la à part. Parsemez des feuilles de coriandre restantes.

SALADE THAÏE À LA MANGUE
ET AUX CREVETTES

POUR 4 PERSONNES

PRÉPARATION : 30 MIN
REPOS : 5 MIN

FACILE
COÛT €€

MATÉRIEL

Presse-agrumes
Presse-ail
Rasoir à julienne

1 piment rouge thaï (long et fin) • 3 échalotes • 3 oignons verts (ou ciboule) • 1 citron vert • 1 cuil. à soupe de sucre en poudre • 3 cuil. à soupe de nuoc-mâm (sauce de poisson) • 1 gousse d'ail épluchée • 250 g de crevettes cuites décortiquées • 1 mangue pas trop mûre • 2 carottes • ½ concombre • 1 poivron rouge • 5 brins de coriandre • 10 feuilles de menthe fraîche • 1 salade romaine

1 Détaillez le piment rouge en tout petits dés. Épluchez et émincez finement les échalotes et les oignons verts. Pressez le citron vert et versez le jus dans un saladier. Ajoutez le sucre, le piment rouge et le nuoc-mâm, puis mélangez pour dissoudre le sucre. Ajoutez l'ail pressé, les échalotes ainsi que les oignons verts et les crevettes. Mélangez.

2 Pendant ce temps, épluchez et coupez la mangue ainsi que les carottes en longs filaments à l'aide d'un rasoir à julienne. Découpez le concombre et le poivron en fines lamelles. Réservez 2 brins de coriandre. Ciselez grossièrement la menthe et le reste de la coriandre. Ajoutez le tout dans le saladier. Réservez au frais pour laisser mariner.

3 Avant de servir, découpez la salade en chiffonnade et disposez-la dans les assiettes de service. Répartissez la préparation précédente par-dessus et parsemez d'un peu de coriandre fraîche.

VARIANTE
Remplacez les crevettes par du blanc de poulet rôti.

SALADE THAÏE DE BŒUF
GRILLÉ PIMENTÉE

POUR 4 PERSONNES

PRÉPARATION : 20 MIN
CUISSON : 8 MIN
REPOS : 5 MIN

FACILE
COÛT €€€

MATÉRIEL

Râpe à légumes à grosse grille
Gril en fonte
Râpe fine
Presse-ail

1 batavia • 1 botte de ciboule thaïe (ou de cébettes) • 3 échalotes • 2 carottes • 1 bouquet de menthe fraîche • 1 bouquet de coriandre fraîche • 2 bâtons de citronnelle fraîche • 2 beaux pavés de rumsteck ou de filet de bœuf • 1 poignée de cacahuètes grillées **POUR LA SAUCE :** 3 cm de gingembre frais • 1 piment rouge • 1 cuil. à soupe d'huile de sésame • Le jus de 1 citron vert • 1 gousse d'ail • 3 cuil. à soupe de nuoc-mâm (sauce de poisson) • 2 cuil. à café de sucre en poudre • 1 cuil. à soupe d'huile de tournesol

1 Lavez et émincez grossièrement la batavia. Ciselez la ciboule, épluchez et émincez les échalotes. Épluchez les carottes et râpez-les avec la grosse grille. Ciselez les herbes fraîches. Enlevez la première feuille des bâtons de citronnelle ainsi qu'une bonne partie de la tige et émincez finement la partie la plus tendre, vers la base. Mélangez tous ces ingrédients.

2 Sur un gril bien chaud, saisissez les pavés de bœuf à feu vif pendant 2 ou 3 min sur chaque face. La viande doit être à peine cuite, seul l'extérieur doit être marqué par la cuisson. Émincez la viande en petites tranches fines sur une planche.

3 Râpez le gingembre et émincez le piment. Préparez la sauce en mélangeant l'huile de sésame, le jus de citron vert, le piment émincé, le gingembre râpé et la gousse d'ail pressée. Ajoutez le nuoc-mâm, le sucre en poudre et l'huile de tournesol. Mélangez le tout.

4 Dans de grands bols ou des assiettes creuses, disposez les légumes, les tranches de viande et arrosez de sauce. Laissez reposer 5 min avant de servir, puis saupoudrez de cacahuètes grossièrement concassées.

SALADE D'AUBERGINES
À LA VAPEUR, OIGNONS DE PRINTEMPS ET SAUCE VIETNAMIENNE

POUR 4 PERSONNES

PRÉPARATION : 15 MIN
CUISSON : 15 MIN
REPOS : 1 À 2 H

FACILE
COÛT €€

MATÉRIEL

Film alimentaire

3 aubergines • ½ botte d'oignons de printemps (ou de ciboule asiatique) • 1 piment rouge **POUR LA SAUCE :** 2 cuil. à soupe de sucre roux • 4 cuil. à soupe de nuoc-mâm (sauce de poisson) • 5 cuil. à soupe d'huile neutre (tournesol ou arachide) • 2 cuil. à soupe d'eau

1 Épluchez les aubergines et coupez-les en morceaux de 2 ou 3 cm. Faites-les cuire à la vapeur pendant une quinzaine de minutes. Déposez les aubergines cuites dans un plat creux après les avoir égouttées un instant.

2 Émincez très finement les oignons de printemps (les parties vertes et blanches) et répartissez-les sur les aubergines. Hachez le piment et ajoutez-le à la préparation.

3 Préparez la sauce en diluant le sucre dans le nuoc-mâm. Ajoutez l'huile et l'eau.

4 Versez la sauce sur les aubergines tièdes et couvrez de film alimentaire. Laissez reposer pendant 1 ou 2 h au frais, le temps que les légumes s'imbibent de la sauce.

À SAVOIR

Les aubergines « graffiti », à la peau zébrée, sont idéales pour cette recette car elles restent bien blanches et fermes à la cuisson.

SALADES CLASSIQUES

SALADE D'ENDIVES
AU SAUMON FUMÉ ET AUX POMMES, VINAIGRETTE AIGRE-DOUCE

POUR 4 PERSONNES

FACILE
COÛT €€€

PRÉPARATION : 10 MIN

4 endives • 2 pommes Granny ou acidulées • 150 g de saumon fumé **POUR LA SAUCE À L'ANETH :** 4 cuil. à soupe de Savora (condiment doux aux épices) • 2 cuil. à soupe de sucre en poudre • 2 cuil. à soupe de vinaigre de cidre • 20 cl d'huile de tournesol ou de colza bio • ½ bouquet d'aneth ciselé • Poivre moulu

1 Pour la vinaigrette aigre-douce, mélangez la Savora, le sucre en poudre, le vinaigre de cidre, l'huile, et un peu de poivre moulu. Ajoutez l'aneth ciselé et mélangez bien.

2 Enlevez les premières feuilles des endives, puis coupez-les en rondelles. Lavez soigneusement les pommes, puis détaillez-les en bâtonnets d'environ 4 à 5 mm. Ajoutez-les aux endives. Arrosez les endives et les bâtonnets de pommes de vinaigrette et mélangez bien.

3 Coupez le saumon fumé en lanières et ajoutez-les à la salade. Dégustez immédiatement.

ASPERGES VAPEUR,
SAUCE AU FROMAGE BLANC DE CHÈVRE ET ŒUFS DURS

POUR 4 PERSONNES

PRÉPARATION : 20 MIN
CUISSON : 10 MIN

FACILE
COÛT €€

MATÉRIEL

Cuit-vapeur

2 bottes d'asperges vertes • 3 œufs • 250 g de fromage blanc de chèvre • ½ botte de ciboulette (ou de persil, ou de coriandre…) • Sel, poivre

1 Pelez légèrement la base des asperges vertes. Faites chauffer de l'eau dans le cuit-vapeur. Mettez les œufs à cuire dans l'eau bouillante et posez les asperges dans le panier au-dessus. Comptez 10 min de cuisson.

2 Réservez quelques herbes pour la décoration. Mélangez le fromage blanc avec du sel, du poivre et les herbes ciselées.

3 Écalez les œufs durs et hachez-les grossièrement sur une planche. Dans un plat, déposez les asperges tièdes et nappez-les de sauce au fromage blanc. Parsemez d'œufs durs et du reste d'herbes ciselées.

SALADE D'ENDIVES
À LA FOURME D'AMBERT, POMME, NOIX ET ROQUETTE

POUR 4 PERSONNES
PRÉPARATION : 10 MIN

FACILE
COÛT €€

3 endives blanches et/ou rouges • 1 pomme acidulée • 50 g de cerneaux de noix • 100 g de fourme d'Ambert (ou de bleu d'Auvergne) • 100 g de roquette **POUR LA VINAIGRETTE :** 5 cuil. à soupe d'huile de colza ou de noix, ou un mélange des deux • 2 cuil. à soupe de vinaigre aromatisé au miel • 2 cuil. à café de moutarde de Dijon • 1 cuil. à soupe d'eau • Sel, poivre

1 Préparez la vinaigrette en mélangeant l'huile, le vinaigre, la moutarde, du sel et du poivre. Ajoutez l'eau pour la rendre plus fluide.

2 Enlevez les premières feuilles des endives, puis émincez-les dans le sens de la hauteur pour former des « plumes ». Épluchez et coupez la pomme en dés ou en lamelles. Concassez les cerneaux de noix. Coupez le fromage en dés.

3 Dans un saladier, mélangez tous ces ingrédients avec la roquette et arrosez de vinaigrette. Ajoutez les dés de fromage et servez.

CONSEIL
Alors que j'utilise de l'huile d'olive la plupart du temps dans mes salades, je ne l'apprécie pas dans les salades d'endives. En revanche, j'aime particulièrement l'huile de colza bio ou l'huile de noix pour celles-ci : leur petit goût grillé s'accorde particulièrement bien à ce légume.

SALADE DE POMMES DE TERRE, CRESSON ET ŒUFS DURS

POUR 4 PERSONNES

FACILE
COÛT €€

PRÉPARATION : 15 MIN
CUISSON : 20 MIN

600 g de pommes de terre fermes, de taille moyenne • 4 œufs • 2 cuil. à soupe de vin blanc • 1 botte de cresson
POUR LA VINAIGRETTE : 4 cuil. à soupe d'huile de tournesol • 2 cuil. à soupe de vinaigre de cidre • Sel, poivre

1 Faites cuire les pommes de terre avec leur peau dans une grande quantité d'eau bouillante salée. Égouttez et laissez tiédir. En même temps, faire cuire les œufs durs, laissez-les refroidir et écalez-les.

2 Quand les pommes de terre sont tièdes, pelez-les et coupez-les en deux ou quatre selon leur taille. Arrosez-les de vin blanc et mélangez.

3 Lavez la botte de cresson et retirez les tiges les plus grosses. Préparez la vinaigrette en mélangeant les ingrédients.

4 Versez la vinaigrette sur les pommes de terre et mélangez pour bien les enrober de sauce. Ajoutez les feuilles de cresson, mais réservez-en quelques-unes pour la décoration.

5 Sur la salade, disposez les œufs durs coupés en deux et décorez avec les feuilles de cresson restantes.

SALADE DE MÂCHE AU CRABE, PAMPLEMOUSSE, AVOCAT ET SAUCE CRÉMEUSE AU PAMPLEMOUSSE

POUR 4 PERSONNES

PRÉPARATION : 20 MIN

FACILE
COÛT €€€

2 pamplemousses roses ou blancs • 1 barquette de salade de mâche • 2 avocats • 150 g de chair de crabe égoutée en boîte
POUR LA SAUCE : 4 cuil. à soupe de mayonnaise • 3 cuil. à soupe de jus de pamplemousse (récupéré lors de la préparation des fruits) • Sauce pimentée • Sel, poivre

1 Pelez les pamplemousses à vif : coupez un chapeau en haut et en bas des fruits, puis avec un couteau à dents fines, enlevez l'écorce tout autour du fruit en enlevant bien toute la peau et les membranes blanches. Prélevez ensuite les segments de pamplemousse au-dessus d'un bol pour récupérer le jus.

2 Lavez et essorez la mâche. Préparez les avocats en les pelant, puis en les coupant en dés. Arrosez-les d'un peu de jus de pamplemousse pour qu'ils ne noircissent pas. Égouttez la chair de crabe.

3 Mélangez les segments de pamplemousse, la mâche, les dés d'avocats et la chair de crabe dans un saladier.

4 Préparez la sauce en diluant la mayonnaise avec le jus du pamplemousse. Salez, poivrez et ajoutez un peu de sauce pimentée selon votre goût. Servez la salade nappée de sauce.

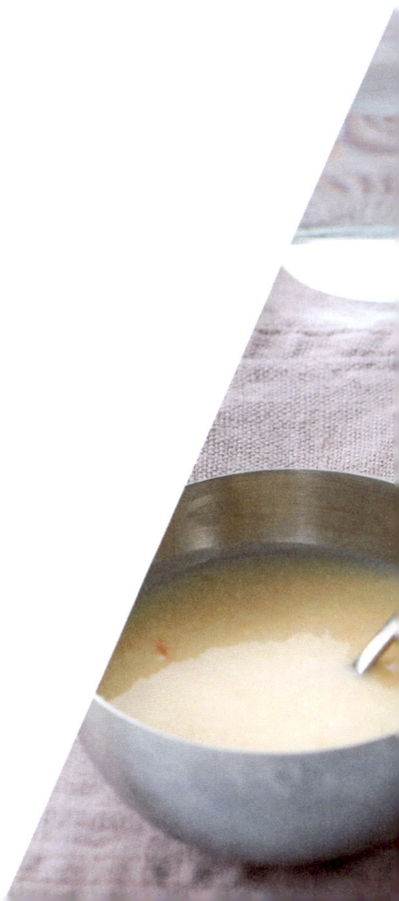

SALADE FOLLE
AUX CRUDITÉS VARIÉES

POUR 4 PERSONNES

PRÉPARATION : 20 MIN

FACILE
COÛT €

MATÉRIEL

Rasoir à julienne
Mandoline

2 carottes • 1 petite courgette • 1 petit poivron rouge • 4 champignons de Paris • 1 petit bulbe de fenouil • 1 échalote • 100 g de mesclun • 5 cuil. à soupe de vinaigrette classique (voir p. 23) • 3 cuil. à soupe de graines variées (tournesol, courge, sésame, etc.)

1 Lavez et épluchez les carottes. Lavez la courgette et le poivron, rincez rapidement les champignons et le bulbe de fenouil. Épluchez et émincez finement l'échalote.

2 Avec un rasoir à julienne, détaillez les carottes et la courgette en « spaghetti ». Découpez les champignons en lamelles très fines, et faites de même avec le poivron. Émincez très finement le fenouil à l'aide d'une mandoline. Mélangez tous les légumes dans un saladier.

3 Juste avant de servir, pour que les légumes restent bien croquants, arrosez de vinaigrette et mélangez. Saupoudrez de graines et dégustez immédiatement.

CONSEIL

Cette salade accompagne très bien une tarte salée ou une quiche lorraine pour un dîner léger.

SALADE D'ASPERGES
CROUSTILLANTE AU SAUMON

POUR 4 PERSONNES

PRÉPARATION : 20 MIN
CUISSON : 15 MIN

FACILE
COÛT €€

MATÉRIEL

Cuit-vapeur

2 bottes d'asperges vertes • 3 tranches de pain de mie grillées (ou de pain de campagne en peu rassis) • 1 gousse d'ail • Huile d'olive • ½ bouquet de ciboulette ou d'aneth • Fleur de sel, poivre • 150 g de saumon mariné à l'aneth ou de saumon fumé

1 Pelez légèrement la base des asperges vertes. Faites-les cuire à la vapeur pendant 8 à 10 min. Laissez tiédir.

2 Réduisez les tranches de pain en grosses miettes. Épluchez la gousse d'ail et hachez-la. Dans une poêle, faites-les revenir avec un peu d'huile d'olive, la gousse d'ail hachée, de la fleur de sel et du poivre jusqu'à ce qu'elles deviennent croustillantes.

3 Disposez les asperges coupées en tronçons dans un plat, ajoutez les tranches de saumon mariné et le pain croustillant. Salez et poivrez, puis arrosez de 1 filet d'huile d'olive et parsemez de ciboulette ou d'aneth ciselé.

SALADE DE POUSSES D'ÉPINARDS, POIS CHICHES, HADDOCK ET CHAMPIGNONS

POUR 4 PERSONNES

PRÉPARATION : 10 MIN

FACILE
COÛT **€€€**

200 g champignons de Paris • 200 g de haddock fumé • 1 sachet de pousses d'épinards • 200 g de pois chiches cuits **POUR LA SAUCE :** 2 cuil. à soupe de moutarde au miel (ou de Savora) • 2 cuil. à soupe de vinaigre de vin • 6 cuil. à soupe d'huile de colza bio • ½ bouquet de cerfeuil ciselé

1 Coupez les champignons de Paris en lamelles. Émincez le haddock fumé. Dans un plat, disposez les pousses d'épinards, les pois chiches, les champignons et le haddock fumé.

2 Dans un bol, préparez la vinaigrette aigre-douce : diluez la moutarde au miel dans le vinaigre. Ajoutez l'huile et le cerfeuil ciselé, puis mélangez. Arrosez la salade de sauce et dégustez.

SALADE DE POIREAUX
ET VINAIGRETTE GRIBICHE

POUR 4 PERSONNES

FACILE
COÛT €

PRÉPARATION : 15 MIN
CUISSON : 15 MIN

4 poireaux (ou 8 poireaux fins ou des mini-poireaux) **POUR LA VINAIGRETTE GRIBICHE :** 2 œufs • 1 échalote • 3 cornichons • ¼ de botte de persil plat • 4 cuil. à soupe d'huile de tournesol • 3 cuil. à soupe de vinaigre de vin rouge • 2 cuil. à soupe de moutarde de Dijon • 1 cuil. à soupe de câpres • Sel, poivre

1 Enlevez les premières feuilles de poireaux et coupez une bonne partie des feuilles verte. Vous pouvez les conserver pour préparer une soupe plus tard. Fendez les tronçons de poireaux en deux sur presque la totalité de la longueur. Rincez-les bien sous l'eau fraîche.

2 Faites cuire les poireaux à la vapeur pendant 10 min et déposez les œufs dans l'eau bouillante en dessous pour les faire cuire durs en même temps. Égouttez les poireaux et réservez-les.

3 Rafraîchissez les œufs sous l'eau froide avant de les écaler. Coupez les œufs durs en deux, puis hachez-les grossièrement au couteau. Épluchez et hachez finement l'échalote. Coupez les cornichons en tout petits dés. Effeuillez et ciselez le persil.

4 Mélangez tous les ingrédients de la sauce à la fourchette en ajoutant les œufs hachés à la fin. Servez les poireaux encore tièdes avec la vinaigrette gribiche, accompagnés de tranches de pain frais.

SALADE AUX CROÛTONS DE CHÈVRE CHAUD

POUR 4 PERSONNES

PRÉPARATION : 15 MIN
CUISSON : 10 MIN

FACILE
COÛT €€

MATÉRIEL

Presse-ail (facultatif)
Plaque à four
Papier sulfurisé
Papier absorbant

1 belle salade frisée • 1 échalote • 4 crottins de Chavignol ou 1 bûchette de chèvre • 8 petites tranches de baguette • 50 g de lardons fumés • 1 cuil. à café d'herbes de Provence **POUR LA VINAIGRETTE :** 1 gousse d'ail • 2 cuil. à soupe de vinaigre de vin • 1 cuil. à soupe de moutarde à l'ancienne • 4 cuil. à soupe d'huile de tournesol • Sel, poivre

1 Lavez et essorez la salade frisée. Épluchez et émincez finement l'échalote. Épluchez l'ail.

2 Préparez la vinaigrette en mélangeant le vinaigre et la moutarde. Ajoutez l'huile, la gousse d'ail pressée ou hachée très finement, du sel et du poivre. Mélangez le tout.

3 Découpez chaque crottin en deux dans l'épaisseur, ou détaillez la bûchette en 8 lamelles. Déposez 1 morceau de fromage sur chaque tranche de pain et parsemez d'herbes de Provence. Disposez les tranches sur la plaque à four recouverte de papier sulfurisé et passez-les sous le gril du four pendant 5 min, pour que le pain grille et que le fromage commence à fondre.

4 Pendant ce temps, faites rissoler les lardons dans une poêle sans matière grasse et déposez-les sur une feuille de papier absorbant pour enlever l'excès de gras.

5 Assaisonnez la salade avec la vinaigrette et ajoutez les lardons grillés. Déposez les croûtons sortant du four sur la salade et servez immédiatement.

SALADE FRISÉE AUX LARDONS,
CROÛTONS ET ŒUFS

POUR 4 PERSONNES

PRÉPARATION : 15 MIN
CUISSON : 10 MIN

FACILE
COÛT €€

MATÉRIEL

Papier absorbant
Écumoire

1 belle salade frisée bien blanche • 2 tranches épaisses de pain de campagne • 100 g de lardons • 3 cuil. à soupe de vinaigre blanc • 4 œufs frais
POUR LA VINAIGRETTE : 5 cuil. à soupe d'huile de tournesol • 3 cuil. à soupe de vinaigre de vin rouge • 1 cuil. à soupe de moutarde à l'ancienne • 1 gousse d'ail pressée • Sel, poivre

1 Lavez et essorez la salade. Découpez les tranches de pain en dés. Dans une poêle, sans matière grasse, faites griller les lardons jusqu'à ce qu'ils soient bien dorés. Égouttez-les sur une feuille de papier absorbant. Dans la même poêle, faites dorer les dés de pain.

2 Faites chauffer un grand volume d'eau dans une casserole avec le vinaigre de vin blanc. Une fois que l'eau frémit, cassez 1 œuf dans un petit bol avant de le faire glisser tout doucement dans la casserole d'eau frémissante. À l'aide d'une cuillère à soupe, rabattez le blanc en train de se figer sur le jaune. Faites cuire chaque œuf environ 3 à 4 min (le blanc doit être pris et le jaune encore coulant). Récupérez chaque œuf à l'aide d'une écumoire et déposez-le sur une assiette recouverte de papier absorbant.

3 Préparez la vinaigrette en mélangeant les ingrédients dans un bol. Dans un saladier, mettez la salade, assaisonnez-la avec la vinaigrette et ajoutez les lardons. Mélangez bien.

4 Dressez la salade dans les assiettes de service, ajoutez les croûtons et déposez 1 œuf poché dans chaque assiette. Poivrez généreusement et servez.

CONSEIL
Si vous n'êtes pas à l'aise avec la cuisson des œufs pochés, préparez des œufs mollets en les faisant cuire pendant 6 min dans de l'eau bouillante. Écalez-les et coupez-les en deux avant de les disposer sur la salade.

SALADE CÆSAR AU POULET

POUR 6 PERSONNES

PRÉPARATION : 20 MIN
CUISSON : 15 MIN

FACILE
COÛT €€

3 tranches de pain de campagne épaisses • 1 barquette d'aiguillettes de poulet (environ 300 g) • 2 cuil. à soupe d'huile de tournesol • 4 cœurs de sucrine ou 1 salade romaine • 1 morceau de 50 g de parmesan **POUR LA VINAIGRETTE :** 2 cuil. à café de crème d'anchois • 2 cuil. à café de moutarde forte • Quelques gouttes de la sauce pimentée de votre choix • 2 cuil. à soupe de vinaigre balsamique blanc • 4 cuil. à soupe d'huile d'olive • Sel, poivre

1 Découpez le pain en dés. Faites cuire les aiguillettes de poulet dans une poêle chaude avec l'huile, puis ajoutez les dés de pain à la fin pour les faire dorer en même temps. Laissez le tout refroidir.

2 Préparez la vinaigrette en mélangeant tous les ingrédients. Lavez et essorez la salade, puis découpez-la en chiffonnade. Faites des copeaux de parmesan en utilisant un économe. Détaillez les aiguillettes de poulet en dés.

3 Dans un saladier, déposez la salade, arrosez-la de vinaigrette et mélangez. Ajoutez les dés de poulet ainsi que les croûtons dorés et les copeaux de parmesan. Mélangez à nouveau et servez immédiatement.

VARIANTE
Pour un plat plus complet, vous pouvez ajouter 1 œuf mollet dans chaque assiette.

COLESLAW

POUR 4 PERSONNES

PRÉPARATION : 15 MIN
REPOS : 2 H

FACILE
COÛT €

MATÉRIEL

Robot (facultatif)
Râpe à légumes

½ chou blanc • 3 carottes • 2 branches de céleri • ¼ de botte d'aneth frais • 50 g de raisins secs **POUR LA SAUCE :** 4 cuil. à soupe de mayonnaise • 5 cuil. à soupe de yaourt nature • 3 cuil. à soupe de vinaigre de cidre • 1 cuil. à soupe de sucre en poudre • Quelques gouttes de sauce pimentée (facultatif) • Sel et poivre

1 Enlevez les premières feuilles du chou et émincez-le très finement au robot ou avec un couteau bien aiguisé. Épluchez et râpez les carottes. Émincez le céleri. Ciselez l'aneth finement. Mélangez tous les légumes, puis ajoutez les raisins secs.

2 Préparez la sauce en mélangeant tous les ingrédients. Incorporez-la aux légumes. Laissez la salade reposer au frais pendant 2 h pour que le vinaigre de la sauce « cuise » un peu le chou et l'attendrisse.

VARIANTES

Cette salade est l'accompagnement traditionnel des hamburgers et des viandes grillées aux États-Unis. Vous pouvez remplacer l'aneth par de la ciboulette ou du persil, ou encore préparer la même salade avec du chou rouge.

SALADE CAPRESE

POUR 4 PERSONNES

FACILE
COÛT €

PRÉPARATION : 10 MIN
REPOS : 10 MIN

6 belles tomates bien mûres ou 4 cœurs-de-bœuf • 2 boules de mozzarella di buffala • 10 cl d'huile d'olive • 3 cuil. à soupe de crème de vinaigre balsamique • ½ bouquet de basilic frais • Sel, poivre

1 Lavez et coupez les tomates en tranches régulières. Disposez-les en rosace sur les assiettes de service. Coupez les boules de mozzarella en tranches et intercalez-les entre les tranches de tomates.

2 Salez et poivrez, puis arrosez d'huile d'olive. Versez la crème de vinaigre balsamique en filet sur toute la salade. Laissez reposer 10 min le temps que les tomates marinent un peu et rendent du jus. Parsemez la surface de feuilles de basilic et dégustez.

VARIANTES
Remplacez le basilic frais par du pesto ou encore par de la tapenade.

SALADE DE HARICOTS VERTS
AU BACON ET AUX ÉCHALOTES

POUR 4 PERSONNES

FACILE
COÛT €€

PRÉPARATION : 20 MIN
CUISSON : 10 MIN
REPOS : 20 MIN

800 g de haricots verts équeutés • 4 échalotes • 4 cuil. à soupe d'huile d'olive • 100 g de bacon détaillé en bâtonnets • 2 cuil. à soupe de vinaigre balsamique • 1 petite cuil. à soupe de miel • Un peu de persil ciselé • Sel, poivre

1 Faites cuire les haricots verts à la vapeur jusqu'à ce qu'ils soient tendres.

2 Épluchez et ciselez les échalotes. Faites-les revenir dans 1 cuil. à soupe d'huile d'olive. Quand elles sont dorées, ajoutez le bacon et faites-le cuire quelques minutes en remuant.

3 Préparez la vinaigrette en mélangeant le vinaigre avec le miel, du sel, du poivre et le reste de l'huile d'olive.

4 Arrosez les haricots cuits, encore chauds, de vinaigrette. Ajoutez le bacon et les échalotes. Laissez refroidir, puis parsemez de persil ciselé avant de servir.

SALADE AUX QUENELLES POÊLÉES

POUR 4 PERSONNES

FACILE
COÛT €€€

5 MIN DE PRÉPARATION
5 MIN DE CUISSON

6 quenelles au rayon frais • 2 cuil. à soupe d'huile d'olive • 200 g de salades mélangées : mesclun, pousses d'épinard, etc. • Un peu de vinaigrette classique (voir p. 23)

1 Faites chauffer l'huile d'olive dans la poêle. Découpez les quenelles en tranches de 1 cm. Poêlez les quenelles pendant 5 min, en les retournant régulièrement. Toutes les faces doivent être dorées et légèrement gonflées.

2 Dressez la salade dans les assiettes de service, assaisonnez-la avec la vinaigrette, puis répartissez les rondelles de quenelles. Dégustez immédiatement.

SALADE DE POUSSES
D'ÉPINARDS À L'ITALIENNE

POUR 4 PERSONNES

FACILE
COÛT €€

PRÉPARATION : 10 MIN

150 de petites pousses d'épinards • 200 g de tomates cerise • 1 bocal de petites tomates cerise confites à l'huile • 50 g de câpres • 50 g de pignons de pin • 5 cl d'huile (récupérée dans le bocal des tomates confites) • 2 cuil. à soupe de vinaigre balsamique • Sel, poivre

1 Dans un plat, disposez les pousses d'épinards, les tomates cerise coupées en deux et les tomates confites. Parsemez de câpres.

2 Faites griller les pignons à sec dans une poêle pour qu'ils soient dorés.

3 Mélangez l'huile avec le vinaigre balsamique, salez et poivrez. Arrosez la salade de cette vinaigrette et parsemez de pignons grillés avant de servir.

SALADE NIÇOISE

POUR 4 PERSONNES

FACILE
COÛT €

PRÉPARATION : 15 MIN
CUISSON : 20 MIN

1 laitue • 4 tomates • 1 poivron vert • 1 oignon rouge • 4 filets d'anchois à l'huile • 1 boîte de 180 g de thon à l'huile d'olive • 50 g d'olives noires • 2 cuil. à soupe de câpres • Huile d'olive • Vinaigre de vin • Sel, poivre

1 Lavez la salade, les tomates et le poivron vert. Coupez la salade en chiffonnade, les tomates en quartiers et émincez le poivron. Épluchez et détaillez l'oignon en lamelles fines. Disposez-les harmonieusement sur les assiettes de service.

2 Découpez les filets d'anchois en petits morceaux. Répartissez le thon émietté, les filets d'anchois, les olives et les câpres sur les légumes. Arrosez d'un léger filet d'huile d'olive : le thon en contient déjà. Ajoutez un peu de vinaigre de vin, puis salez et poivrez.

VARIANTES

• Vous pouvez compléter la salade avec des œufs durs, ou les utiliser pour remplacer le thon.
• La vraie salade niçoise ne contient ni riz, ni pommes de terre, ni haricots verts, mais toutes les variantes sont possibles.

PÂTES ET RIZ

SALADE D'AUTOMNE
AUX LÉGUMES RÔTIS ET AUX CROZETS

POUR 4 PERSONNES

PRÉPARATION : 20 MIN
CUISSON : 45 MIN

FACILE
COÛT €€

MATÉRIEL

Plaque à four
Papier sulfurisé

2 petits potimarrons de la taille d'un pamplemousse (ou 1 gros) • 2 patates douces • 2 oignons rouges • Huile d'olive • 1 cuil. à soupe d'origan séché • 300 g de crozets de Savoie • Sel, poivre

1 Préchauffez le four à 180 °C (th. 6). Découpez les potimarrons, épépinez-les et détaillez la chair en tranches. Épluchez les patates douces, détaillez-les en morceaux de la même taille que les tranches de potimarron. Épluchez les oignons et coupez-les en quartiers.

2 Sur la plaque à four recouverte de papier sulfurisé, disposez les légumes, arrosez-les d'un beau filet d'huile d'olive, salez et poivrez. Saupoudrez d'origan et mélangez le tout avec les mains pour bien enduire les légumes d'huile.

3 Enfournez pour 45 min de cuisson, remuez les légumes plusieurs fois pendant la cuisson. À la fin, ils doivent être tendres et légèrement grillés.

4 Pendant ce temps, faites cuire les crozets comme indiqué sur le paquet, puis égouttez-les.

5 Dans un plat, mélangez les pâtes et les légumes cuits. Ajustez l'assaisonnement en huile, sel et poivre, puis dégustez tiède.

À SAVOIR

Les crozets sont de petites pâtes carrées, originaires de Savoie. Ils existent au blé ou au sarrasin.
On les prépare le plus souvent en gratin. Vous pouvez les remplacer par les pâtes à la farine complète de petit format de votre choix.

VARIANTE

Les patates douces peuvent être remplacées par d'autres légumes racines : carottes, panais...

SALADE DE COURGETTES
AUX GNOCCHIS

POUR 4 PERSONNES

PRÉPARATION : 15 MIN
CUISSON : 15 MIN

FACILE
COÛT €

MATÉRIEL

Wok
Écumoire

1 oignon ou quelques oignons de printemps • 4 belles courgettes (vertes ou jaunes) • 1 barquette de 380 g de gnocchis frais • 3 cuil. à soupe d'huile d'olive + un peu pour la cuisson • 2 cuil. à soupe de vinaigre balsamique • 1 bouquet de coriandre • Sel, poivre

1 Mettez à chauffer un grand volume d'eau salée dans une grande casserole.

2 Épluchez et émincez l'oignon. Coupez les courgettes en dés et faites sauter le tout avec un peu d'huile d'olive dans un wok, à feu assez vif, jusqu'à ce que les légumes soient juste tendres. Salez et poivrez.

3 Quand les courgettes sont tendres, versez les gnocchis dans l'eau bouillante et sortez-les avec une écumoire dès qu'ils remontent à la surface, soit environ au bout de 1 min. Déposez-les dans le wok avec les courgettes au fur et à mesure, puis mélangez.

4 Coupez le feu sous le wok et arrosez d'huile d'olive et de vinaigre balsamique. Salez et poivrez.

5 Versez la salade dans un plat et parsemez-la de coriandre ciselée au dernier moment. Servez tiède (c'est vraiment meilleur) ou froid.

SALADE DE PÂTES
À L'ITALIENNE

POUR 4 PERSONNES

PRÉPARATION : 15 MIN
CUISSON : 10 MIN

FACILE
COÛT €€€

MATÉRIEL

Mixeur

300 g de pâtes de petit format (farfalle, penne…) • 250 g de tomates cerise • 100 g de tomates confites à l'huile • 100 g d'artichauts confits à l'huile • 3 cuil. à soupe de câpres • 4 poignées de roquette • 125 g de billes de mozzarella • 2 cuil. à soupe de vinaigre balsamique • 3 cuil. à soupe de pignons de pin • 3 tranches fines de jambon cru de Parme • 50 g de copeaux de parmesan **POUR LA SAUCE :** ½ bouquet de basilic • 1 gousse d'ail • 5 cl d'huile d'olive (récupérée dans les bocaux de légumes) • Sel, poivre

1 Mettez à chauffer un grand volume d'eau salée dans une grande casserole.

2 Préparez la sauce. Lavez et effeuillez le basilic. Épluchez l'ail. Mixez le basilic avec l'ail, l'huile d'olive, du sel et du poivre jusqu'à obtenir la consistance d'un pesto assez fluide. Réservez.

3 Faites cuire les pâtes *al dente* dans l'eau bouillante salée. Coupez les tomates cerise en deux. Faites de même avec les tomates confites et les artichauts. Égouttez les pâtes, rafraîchissez-les sous l'eau froide.

4 Dans un saladier, mélangez les légumes avec les câpres et la roquette. Ajoutez les pâtes et les billes de mozzarella. Versez la sauce au basilic et le vinaigre balsamique par-dessus, puis mélangez-bien.

5 Faites torréfier les pignons de pin dans une poêle à sec jusqu'à ce qu'ils soient dorés. Ajoutez-les ainsi que le jambon effiloché et les copeaux de parmesan dans le saladier et servez.

SALADE DE NOUILLES SOBA
À LA JAPONAISE

POUR 4 PERSONNES

PRÉPARATION : 15 MIN
CUISSON : 5 MIN

FACILE
COÛT €

MATÉRIEL

Mandoline
Râpe fine

1 poignée de pois gourmands • 250 g de nouilles soba au sarrasin • 1 botte d'oignons verts (ou ciboule) • 1 poignée de radis roses • 1 avocat • 2 cuil. à soupe de graines de sésame doré **POUR LA SAUCE :** 1 cm de gingembre frais • ½ cuil. à café de wasabi en pâte • 2 cuil. à soupe d'huile de sésame • 1 cuil. à soupe d'huile de tournesol • 3 cuil. à soupe de vinaigre de riz

1 Portez à ébullition un grand volume d'eau dans une casserole. Lavez et équeutez les pois gourmands, puis détaillez-les en petits losanges.

2 Plongez les nouilles soba dans l'eau bouillante pendant 4 min. 1 min avant la fin de la cuisson des nouilles, ajoutez les pois gourmands. Égouttez le tout et passez-les sous l'eau bien froide : ainsi, les pâtes ne colleront pas entre elles.

3 Ciselez finement les oignons verts. Réservez-les. Détaillez les radis en très fines lamelles à la mandoline. Épluchez l'avocat et détaillez sa chair en morceaux. Mettez le tout dans un saladier. Ajoutez les pâtes et les pois gourmands.

4 Préparez la sauce. Épluchez et râpez finement le gingembre. Dans un bol, diluez le wasabi dans les huiles et le vinaigre, puis ajoutez le gingembre râpé.

5 Arrosez la salade de vinaigrette. Parsemez-la d'oignons émincés, de pétales de radis et de graines de sésame. Servez bien frais en accompagnement de sushis ou sashimis, par exemple.

CONSEIL

Les nouilles soba, sortes de spaghettis à base de farine de sarrasin (parfois mélangée avec de la farine de blé), se trouvent dans les épiceries asiatiques ou dans certains magasins bio.
Elles sont souvent servies en soupe ou glacées sur un lit de glaçons.

SALADE DE RIZ
ET DE HARICOTS ROUGES À LA MEXICAINE

POUR 4 PERSONNES

FACILE
COÛT €€

PRÉPARATION : 30 MIN
CUISSON : 15 MIN

150 g de riz long grain étuvé • 1 petite boîte de 280 g de maïs en grains égouttés • 250 g de haricots rouges égouttés • 250 g de tomates cerise • 1 poivron rouge • 1 poivron vert • 1 oignon rouge • 2 avocats • ½ bouquet de coriandre fraîche **POUR LA SAUCE :** 10 cl d'huile d'olive • Le jus de 1 citron vert • 1 cuil. à café de cumin en poudre • 1 cuil. à soupe de paprika • Quelques gouttes de Tabasco (selon votre goût) • Sel, poivre

1 Faites cuire le riz pendant 15 min dans une grande quantité d'eau bouillante salée. Égouttez-le et rafraîchissez-le en le passant sous un filet d'eau froide.

2 Dans un saladier, mélangez le maïs et les haricots rouges préalablement rincés et égouttés. Coupez les tomates cerise en deux, émincez finement les poivrons. Épluchez et émincez finement l'oignon rouge. Épluchez les avocats et coupez leur chair en lamelles. Mélangez tous ces ingrédients dans le saladier, puis ajoutez le riz refroidi.

3 Préparez la sauce en mélangeant tous les ingrédients. Versez-la sur la salade et mélangez délicatement. Effeuillez la coriandre et parsemez-en la salade juste avant de servir.

SALADE DE RIZ
ET DE LÉGUMES CROQUANTS

POUR 4 PERSONNES

PRÉPARATION : 25 MIN
CUISSON : 15 MIN
REPOS : 5 MIN

FACILE
COÛT €€

MATÉRIEL

Mandoline

150 g de riz long grain ou de riz basmati • 1 bulbe de fenouil • ½ concombre • 2 carottes • 100 g de tomates cerise • ½ botte de radis roses
POUR LA SAUCE : 10 cl d'huile d'olive • Le jus de 1 orange • 1 cuil. à soupe de balsamique blanc • 2 brins de menthe • Piment d'Espelette • Sel, poivre

1 Faites cuire le riz pendant 15 min dans une grande quantité d'eau bouillante salée.

2 Préparez les légumes : enlevez la première côte du fenouil, puis détaillez-le en tranches et enfin en tout petits dés. Épluchez et épépinez le concombre, puis coupez-le en petits dés.

3 Épluchez et coupez les carottes en tout petits dés également. Coupez les tomates cerise en deux. À l'aide d'une mandoline, émincez les radis en tranches très fines. Mélangez tous ces ingrédients dans un saladier.

4 Dans un bol, mélangez l'huile, le jus de l'orange et le vinaigre. Salez et poivrez, puis ajoutez les feuilles de menthe finement ciselées ainsi que le piment d'Espelette selon votre goût. Versez cette vinaigrette sur la salade et laissez reposer quelques minutes avant de servir.

SALADE DE PÂTES
AUX LÉGUMES D'ÉTÉ RÔTIS

POUR 4 PERSONNES

PRÉPARATION : 20 MIN
CUISSON : 45 MIN

FACILE
COÛT €€

MATÉRIEL

Plaque à four
Papier sulfurisé

1 ou 2 tomates ou 1 poignée de tomates cerise • 2 courgettes • 1 belle aubergine • Quelques oignons de printemps ou 1 oignon jaune • 1 poivron rouge • 2 gousses d'ail en chemise • Des herbes fraîches (origan, thym, romarin) • Huile d'olive • 250 g de farfalle semi-complètes • 3 cuil. à soupe de pesto de basilic (voir p. 25) • 5 cl de vinaigre balsamique • Sel, poivre

1 Préchauffez le four à 180 °C (th. 6). Réservez les tomates. Lavez et coupez les légumes en dés de taille moyenne. Étalez-les sur la plaque à four recouverte de papier sulfurisé. Ajoutez les gousses d'ail en chemise, les herbes, du sel et du poivre à votre goût, puis arrosez le tout d'huile d'olive. Mélangez bien avec les mains pour enrober les légumes d'huile.

2 Mettez à chauffer un grand volume d'eau salée dans une casserole. Enfournez les légumes pour 45 min de cuisson, remuez-les plusieurs fois pendant la cuisson. Lavez les tomates et coupez-les en deux. Ajoutez-les au bout de 30 min de cuisson : ainsi, elles cuiront sans rendre trop de jus.

3 Pendant ce temps, faites cuire les pâtes dans l'eau bouillante, comme indiqué sur l'emballage. Égouttez-les et rafraîchissez-les en les passant sous un filet d'eau froide. Mettez-les dans un saladier avec le pesto et mélangez pour que les pâtes ne collent pas entre elles.

4 Quand les légumes sont cuits, ajoutez-les aux pâtes. Arrosez de vinaigre balsamique et rectifiez l'assaisonnement en sel, poivre et huile d'olive si nécessaire. Servez.

SALADE DE NOUILLES
CHINOISES INSTANTANÉES AUX LÉGUMES SAUTÉS

POUR 4 PERSONNES

PRÉPARATION : 15 MIN
CUISSON : 10 MIN

FACILE
COÛT €

MATÉRIEL

Wok

2 sachets de nouilles chinoises instantanées (sans les sachets d'assaisonnement) • ½ chou chinois • 3 oignons verts • 1 poivron rouge • 100 g de pois gourmands • 1 filet d'huile de tournesol • ½ bouquet de coriandre • 1 cuil. à soupe de graines de sésame
POUR LA SAUCE : Le jus de 1 citron vert • 2 cuil. à soupe d'huile de sésame • 1 cuil. à soupe de sauce soja

1 Cassez les blocs de pâtes instantanées en plusieurs morceaux dans un saladier. Faites bouillir de l'eau et versez-la sur les pâtes, puis laissez gonfler.

2 Émincez finement le chou chinois ainsi que les oignons verts et le poivron. Rincez les pois gourmands.

3 Dans un wok, faites chauffer 1 filet d'huile d'olive et faites-y sauter les légumes émincés à feu vif, en remuant souvent à l'aide de 2 spatules pendant 10 min : ils doivent devenir tendres.

4 Égouttez les pâtes et ajoutez-les dans le wok avec les légumes. Mélangez le tout et transvasez dans un saladier.

5 Préparez la sauce en mélangeant tous les ingrédients. Versez-la sur les pâtes aux légumes et parsemez de coriandre effeuillée et de graines de sésame au dernier moment.

GRAINES, LÉGUMINEUSES ET CÉRÉALES

SALADE DE PETIT ÉPEAUTRE,
BUTTERNUT, POIREAUX RÔTIS ET GRAINES GRILLÉES, VINAIGRETTE AIL ET MIEL

POUR 4 PERSONNES

PRÉPARATION : 15 MIN
TREMPAGE : 2 À 3 H
CUISSON : 30-40 MIN

FACILE
COÛT €€

MATÉRIEL

Grand sac de congélation
Grand plat à four en métal

200 g de petit épeautre • ½ courge butternut non traitée • 2 poireaux pas trop gros • 3 gousses d'ail • Huile d'olive • 1 cube de bouillon de légumes • 4 cuil. à soupe de graines (amandes concassées, graines de courge et pignons de pin) • Sel, poivre **POUR LA SAUCE :** 3 cuil. à soupe de vinaigre balsamique blanc • 6 cuil. à soupe d'huile d'olive • 1 cuil. à soupe de miel liquide

1 Mettez le petit épeautre à tremper dans un saladier d'eau froide pendant 2 à 3 h. Si vous n'avez pas le temps pour cette étape, vous pouvez la remplacer par une durée de cuisson plus longue.

2 Préchauffez le four à 200 °C (th. 6-7). Lavez et découpez en tranches la courge butternut. Ôtez la peau avec un couteau et découpez-les en gros morceaux. Enlevez les premières feuilles des poireaux et un bon tiers des feuilles vertes, coupez-les en deux dans la longueur. Rincez-les, puis découpez-les en tronçons.

3 Mettez les légumes dans un sac de congélation avec les gousses d'ail non pelées, 1 filet d'huile d'olive, du sel et du poivre. Secouez le tout pour bien enduire les légumes d'huile. Sortez les légumes du sac et déposez-les dans le plat en une seule couche et enfournez pour 30 à 35 min de cuisson. Remuez de temps en temps.

4 Pendant ce temps, mettez le petit épeautre égoutté à cuire dans un grand volume d'eau avec le bouillon pendant 30 min (ou 40 min s'il n'a pas trempé au préalable). Dans une petite poêle, faites griller à sec les graines pendant quelques minutes. Réservez.

5 Une fois les légumes cuits, enlevez les gousses d'ail et épluchez-les. Écrasez leur chair dans un petit bol, ajoutez le vinaigre, l'huile, le miel, du sel et du poivre, puis mélangez bien. Dans un saladier, réunissez le petit épeautre égoutté, les légumes rôtis et la sauce. Parsemez de graines grillées et servez encore tiède ou froid.

SALADE DE COURGES RÔTIES,
POULET ET GRAINES GRILLÉS

POUR 4 PERSONNES

PRÉPARATION : 20 MIN
MARINADE : 1 H
(pendant la cuisson des légumes)
CUISSON : 1 H

FACILE
COÛT €€

MATÉRIEL

Plat à four
Papier d'aluminium
Gril en fonte

2 petits patidoux (petites courges rayées vertes et blanches) ou 200 g de potimarron ou 200 g de courge butternut • 3 cuil. à soupe d'huile d'olive • 4 branches de thym • Paprika • 1 barquette d'aiguillettes de poulet (environ 300 g) • 1 belle poignée de mélange de graines (de courge, de graines de tournesol et de pignons de pin) • 1 paquet de 100 g de roquette • Sel, poivre **POUR LA MARINADE DU POULET :** 2 cuil. à soupe de miel crémeux ou liquide • 2 cuil. à soupe de sauce soja **POUR LA SAUCE :** 1 cuil. à soupe de miel liquide • 2 cuil. à soupe de vinaigre balsamique • 3 cuil. à soupe d'huile d'olive • 2 cuil. à café de sauce soja

1 Préchauffez le four à 200 °C (th. 6-7). Lavez et coupez les courges en deux, puis en tranches d'environ 1 cm d'épaisseur. Ôtez les graines. Ôtez la peau des tranches à l'aide d'un petit couteau.

2 Dans un plat à four, déposez les tranches de courges, arrosez avec 3 cuil. à soupe d'huile d'olive, ajoutez le thym, du sel, du poivre et un peu de paprika. Mélangez délicatement avec les mains pour bien enduire le tout, puis couvrez le plat de papier d'aluminium. Enfournez pour 30 min de cuisson. Ôtez le papier d'aluminium, puis prolongez la cuisson de 30 min supplémentaires pour bien faire dorer les légumes. Laissez tiédir.

3 Pendant ce temps, faites mariner le poulet. Diluez le miel dans la sauce soja et recouvrez-en la viande, puis laissez mariner jusqu'à la fin de la cuisson des légumes. Ensuite, saisissez-la sur un gril chaud pendant 3 à 4 min de chaque côté.

4 Dans une petite poêle, faites griller légèrement les graines à sec jusqu'à ce qu'elles blondissent et commencent à craquer. Réservez. Préparez la sauce avec le miel, le vinaigre balsamique, l'huile d'olive, la sauce soja et du poivre. Goûtez et salez au besoin.

5 Sur les assiettes de service, disposez la roquette, les courges rôties, puis les aiguillettes de poulet. Parsemez de graines grillées et nappez de sauce.

SALADE DE BOULGOUR, PASTÈQUE, CONCOMBRE ET HALLOUMI GRILLÉ

POUR 4 PERSONNES

PRÉPARATION : 20 MIN
TREMPAGE : 10 MIN
CUISSON : 5 MIN

FACILE
COÛT €€

MATÉRIEL

Mandoline

150 g de boulgour • 1 poignée de graines de courge et de graines de tournesol • ½ concombre • 1 gros morceau de pastèque (¼ d'une grosse pastèque, ½ d'une petite de la taille d'un ballon de volley) • 10 radis roses • ½ bouquet de menthe • 250 g de halloumi ou 1,5 paquet de Grillis de Salakis® • Huile d'olive • 1 filet de jus de citron • Sel, poivre

1 Faites bouillir un grand volume d'eau. Dans un saladier, mettez le boulgour et versez une fois et demie le volume de boulgour d'eau bouillante par-dessus. Couvrez d'une assiette et laissez gonfler au moins 10 min jusqu'à ce que tout le liquide soit absorbé et que le boulgour devienne tendre. Laissez refroidir.

2 Faites griller les graines dans une poêle à sec, jusqu'à ce qu'elles commencent à éclater. Réservez. Épluchez le concombre et détaillez-le en dés. Faites de même avec la pastèque. Lavez et émincez les radis avec une mandoline. Effeuillez et ciselez la menthe.

3 Quand le boulgour est refroidi, étalez-le sur un plat, ajoutez les légumes en les disposant joliment, puis parsemez de menthe ciselée.

4 Couper le halloumi en tranches et faites-le dorer dans la poêle sur les deux faces, toujours sans matière grasse. Disposez les tranches de fromage grillé sur la salade et arrosez d'huile d'olive et de jus de citron. Salez et poivrez, puis servez.

CONSEIL

Le halloumi est un fromage de vache et/ou brebis, originaire de Chypre mais présent sous différentes formes dans tous les pays d'Orient. Sa consistance ferme fait qu'il se mange grillé à la poêle ou au barbecue. Son goût assez salé ressemble un peu à celui de la feta.

SALADE DE BETTERAVES, CAROTTES ET AIL RÔTIS, FETA, SEMOULE ET HERBES FRAÎCHES

POUR 4 PERSONNES

PRÉPARATION : 25 MIN
CUISSON : 1 H

FACILE
COÛT €€

MATÉRIEL

Plat à four ou plaque à four recouverte de papier sulfurisé
Papier d'aluminium

2 grosses betteraves crues • 3 carottes • 4 gousses d'ail • 8 cl + 1 filet d'huile d'olive • 8 cl + 1 filet de vinaigre balsamique • 2 cuil. à soupe de miel d'acacia • 1 petite poignée d'herbes sèches (romarin, thym, laurier…) • 150 g de semoule de couscous (nature ou aux épices) • 1 bouquet de coriandre fraîche ou de persil plat • 150 g de feta • Sel, poivre

1 Préchauffez le four à 180 °C (th. 6). Épluchez et coupez les betteraves en morceaux de taille égale (pour une cuisson uniforme). Épluchez et coupez les carottes en bâtonnets. Séparez les gousses d'ail, mais ne les pelez pas.

2 Dans un bol, mélangez 8 cl d'huile, 8 cl de vinaigre et le miel. Salez et poivrez. Mettez les légumes et l'ail dans le plat à four. Arrosez-les de préparation au miel. Mélangez bien pour que tous les légumes soient enrobés, puis saupoudrez d'herbes sèches. Couvrez de papier d'aluminium.

3 Enfournez pour 30 min de cuisson. Ôtez le papier aluminium et prolongez la cuisson de 30 min supplémentaires. Retournez les légumes régulièrement. Testez la cuisson en les piquant avec un couteau : ils doivent être tendres. Laissez tiédir.

4 Pendant ce temps, préparez la semoule dans un saladier en versant dessus le même volume d'eau bouillante salée et en laissant gonfler couvert d'une assiette. Sur une planche, ciselez la coriandre et découpez la feta en dés.

5 Dans le plat de service, étalez le couscous cuit et à peine tiède, disposez les légumes rôtis et les dés de feta. Complétez l'assaisonnement en versant 1 filet d'huile d'olive et 1 filet de vinaigre balsamique, un peu de poivre mais pas trop de sel à cause de la feta. Terminez par la coriandre ciselée et servez.

VÉRITABLE TABOULÉ VERT
LIBANAIS

POUR 4 PERSONNES

PRÉPARATION : 20 MIN
REPOS : 1 H

FACILE
COÛT €€

MATÉRIEL

Film alimentaire

2 bouquets de persil frais • 1 bouquet de menthe fraîche • 2 tomates • ½ concombre • Quelques oignons de printemps ou 1 petit oignon blanc • 6 cuil. à soupe de boulgour fin ou de semoule de couscous fine • Le jus de 1 citron environ (plus ou moins, selon votre goût) • 4 cuil. à soupe d'huile d'olive • Sel, poivre

1 Lavez et séchez les bouquets d'herbes. Ciselez le persil au couteau en laissant de côté les tiges. Effeuillez la menthe, puis ciselez les feuilles. Placez les herbes dans un grand saladier.

2 Coupez les tomates et le concombre en petits dés. Émincez très finement les oignons. Ajoutez les légumes dans le saladier avec les herbes. Versez-y le boulgour.

3 Arrosez de jus de citron et d'huile d'olive. Salez et poivrez, puis mélangez bien. Couvrez le saladier de film alimentaire et placez-le au frais pendant au moins 1 h : le boulgour doit avoir le temps de se réhydrater. Mélangez à nouveau avant de servir.

CONSEILS

Le boulgour est du blé concassé précuit, il est donc inutile de le cuire si on le laisse se réhydrater.
Servez ce taboulé avec un mezze (assortiment de petites entrées libanaises comme le caviar d'aubergines, le houmous, les feuilles de vigne farcies...) et du pain plat libanais.

SALADE D'ORGE PERLÉ,
BROCOLI ET POULET MARINÉ GRILLÉ

POUR 4 PERSONNES

PRÉPARATION : 30 MIN
REPOS : 30 MIN
CUISSON : 30-35 MIN

FACILE
COÛT €€€

MATÉRIEL

Presse-ail
Sac de congélation
Gril en fonte (facultatif)

1 gousse d'ail • 10 cl d'huile d'olive • 1 cuil. à soupe de paprika + un peu pour terminer • 2 blancs de poulet • 200 g d'orge perlé • 1 belle tête de brocoli • 2 échalotes • ½ bouquet de persil • 1 cuil. à soupe de moutarde • 3 cuil. à soupe de vinaigre de cidre • 40 g de noisettes • Sel, poivre

1 Écrasez l'ail et mélangez-le avec 2 cuil. à soupe d'huile, 1 cuil. à soupe de paprika, du sel et du poivre. Enduisez les blancs de poulet de cette marinade, mettez le tout dans un sac de congélation et laissez reposer au frais pendant 30 min.

2 Pendant ce temps, faites cuire l'orge dans une grande quantité d'eau salée le temps indiqué sur le paquet : entre 25 et 40 min selon les variétés. Lavez le brocoli et détaillez-le en petits bouquets. Faites-le cuire dans un panier-vapeur placé sur la casserole de l'orge en cours de cuisson, pendant 8 min : il doit rester croquant.

3 Faites griller les blancs de poulet sur un gril en fonte chaud ou sous le gril du four pendant environ 10 min, en les retournant régulièrement. Une fois cuits, coupez-les en lamelles.

4 Épluchez et émincez finement les échalotes. Émincez finement le persil. Préparez la vinaigrette en mélangeant le reste d'huile, la moutarde et le vinaigre. Versez-la sur l'orge égouttée et tiède, puis ajoutez les échalotes, le persil et le poulet. Mélangez. Ajoutez enfin les brocolis, puis mélangez à nouveau mais délicatement pour que les bouquets ne se défassent pas. Parsemez la salade de noisettes grossièrement concassées et de paprika.

SALADE DE PETIT ÉPEAUTRE,
LÉGUMES D'ÉTÉ GRILLÉS ET CHÈVRE MI-SEC

POUR 4 PERSONNES

PRÉPARATION : 15 MIN
CUISSON : 40 MIN

FACILE
COÛT €

MATÉRIEL

Gril en fonte ou barbecue
Mixeur

250 g de petit épeautre • 1 oignon rouge • 1 aubergine • 2 courgettes • 250 g de tomates cerise • 2 gousses d'ail • 1 bouquet de basilic • 10 cl d'huile d'olive • 2 cuil. à soupe de vinaigre balsamique • 100 g de chèvre mi-sec (type crottin de Chavignol) • Sel poivre

1 Rincez le petit épeautre et faites-le cuire pendant 35 min dans une grande casserole d'eau salée. Goûtez-le pour estimer la cuisson : les grains doivent rester légèrement croquants sous la dent. Égouttez.

2 Pendant ce temps, épluchez l'oignon. Coupez l'aubergine en tranches d'environ 1 cm d'épaisseur, les courgettes en tranches dans le sens de la longueur et l'oignon en lamelles de 5 mm.

3 Faites cuire les légumes sur le gril en fonte chaud ou sur un barbecue, jusqu'à ce qu'ils soient tendres. Coupez les tomates cerise en deux.

4 Pelez l'ail et mixez-le avec la moitié du basilic, l'huile d'olive, du sel et du poivre. Ajoutez le vinaigre. Mélangez cette vinaigrette à l'épeautre égoutté. Ajoutez les légumes grillés et mélangez à nouveau.

5 Disposez la salade dans un plat et parsemez-la de copeaux de chèvre mi-sec (utilisez un économe) et de quelques feuilles de basilic supplémentaires.

CONSEIL

Le petit épeautre est une variété ancienne et rustique de blé, cultivée dans le Sud de la France. Il se cuit comme du riz et se trouve en général dans les magasins bio. À ne surtout pas confondre avec le grand épeautre qui, lui, sert plutôt à faire de la farine.

SALADE DE LENTILLES CORAIL,
POULET, RAISINS FRAIS ET CURRY

POUR 4 PERSONNES

FACILE
COÛT €€

PRÉPARATION : 10 MIN
CUISSON : 25 MIN

200 g de lentilles corail • 2 blancs de poulet • 2 cuil. à soupe d'huile d'olive + 1 filet pour la viande • 1 cuil. à café de curry • 100 g de raisin blanc • 1 cuil. à café de miel • 1 cuil. à soupe de vinaigre balsamique blanc • Quelques brins de coriandre fraîche • 1 cuil. à soupe de graines de sésame

1 Rincez les lentilles et faites-les cuire pendant 8 à 10 min dans de l'eau bouillante. Égouttez et réservez.

2 Enduisez les blancs de poulet d'huile et de 1 pincée de curry. Faites-les cuire dans une poêle environ 15 min en les retournant régulièrement. Laissez-les tiédir et coupez-les en lamelles.

3 Coupez les grains de raisin en deux. Préparez la vinaigrette en mélangeant le reste de l'huile, le miel, le vinaigre balsamique blanc et le curry restant.

4 Versez les lentilles tièdes dans un plat et arrosez de vinaigrette. Mélangez, puis ajoutez les lamelles de poulet et les raisins. Parsemez de coriandre fraîche et de graines de sésame juste avant de servir.

CONSEIL
Les lentilles corail cuisent très vite et se défont rapidement : il faut bien surveiller la cuisson pour qu'elles ne finissent pas en purée.

SALADE DE LENTILLES
AU TOFU FUMÉ, FAÇON SAUCISSES-LENTILLES

POUR 4 PERSONNES

PRÉPARATION : 25 MIN
CUISSON : 30 MIN

FACILE
COÛT €

MATÉRIEL

Panier vapeur

2 carottes • 200 de de lentilles vertes du Puy ou Beluga • 1 oignon • 200 g de tofu fumé • 10 cl d'huile de colza bio • 1 belle cuil. à soupe de moutarde de Dijon • 2 cuil. à soupe de vinaigre de vin rouge • 1 cuil. à soupe de pimenton ou de paprika • ½ bouquet de persil plat • Sel, poivre

1 Lavez et épluchez les carottes. Coupez-les en rondelles. Versez les lentilles dans une casserole remplie d'une grande quantité d'eau froide non salée. Mettez à cuire pour environ 25 min. Faites cuire les rondelles de carotte dans un panier vapeur posé sur la même casserole. Cuites, les lentilles doivent être tendres, mais encore bien se tenir. Égouttez-les et versez-les dans un saladier. Réservez les rondelles de carotte.

2 Épluchez et émincez très finement l'oignon. Réservez. Coupez le tofu en dés, puis salez-le et poivrez-le généreusement. Dans une petite poêle, faites dorer les cubes de tofu avec 1 cuil. à soupe d'huile.

3 Dans le saladier, mélangez les lentilles, les rondelles de carotte et l'oignon émincé. Ajoutez les dés de tofu sauté.

4 Préparez une vinaigrette avec l'huile de colza, la moutarde, le vinaigre, le pimenton, du sel et du poivre. Versez le tout sur la salade encore tiède. Mélangez bien, puis laissez tiédir. Parsemez de persil ciselé juste avant de servir.

SALADE DE POIS CHICHES,
OIGNONS ROUGES ET POITRINE FUMÉE

POUR 4 PERSONNES

FACILE
COÛT €€

PRÉPARATION : 10 MIN
TREMPAGE : 12 H
CUISSON : 50 MIN

200 g de pois chiches secs • 2 oignons rouges • 1 cuil. à café de paprika • 1 cuil. à café de cumin en grains (ou en poudre) • 3 cuil. à soupe d'huile d'olive • 4 tranches fines de poitrine fumée • ½ botte de ciboulette • 1 cuil. à soupe de vinaigre de vin • Sel, poivre

1 La veille, mettez les pois chiches à tremper pour 12 h pour les réhydrater. Le jour même, faites-les cuire dans de l'eau bouillante non salée pendant 40 min pour qu'ils soient tendres. Égouttez-les et versez-les dans un saladier.

2 Épluchez les oignons rouges et détaillez-les en lamelles. Faites-les rissoler à la poêle, avec 1 cuillère à soupe d'huile, jusqu'à ce qu'ils soient tendres, voire un peu dorés. Salez et poivrez, puis saupoudrez de paprika et de cumin. Ajoutez-les aux pois chiches, dans le saladier.

3 Faites griller la poitrine fumée dans une poêle antiadhésive jusqu'à ce qu'elle soit bien dorée et croustillante. Détaillez-la en lanières et ajoutez-les dans le saladier.

4 Ciselez la ciboulette et versez-la dans la salade. Assaisonnez le tout avec le reste d'huile, le vinaigre, du sel et du poivre. Dégustez à température ambiante.

ASTUCE

Vous pouvez utiliser des pois chiches en conserve (environ 400 g cuits), il est alors inutile de les faire tremper et de les faire cuire au préalable. Égouttez-les et rincez-les, puis reprenez à l'étape 2.

SALADE DE FÈVES AU CUMIN
COMME AU MAROC

POUR 4 PERSONNES

PRÉPARATION : 30 MIN
CUISSON : 10 MIN

FACILE
COÛT €€

MATÉRIEL

Presse-ail

1,5 kg de fèves fraîches à écosser (ou 450 g de fèves pelées surgelées) • 3 cuil. à soupe d'huile d'olive • 2 cuil. à soupe de jus de citron • 2 gousses d'ail • 2 cuil. à café de cumin moulu • 1 pincée de piment d'Espelette (ou de Cayenne si vous aimez plus piquant) • Sel, poivre

1 Écossez et enlevez la seconde peau des fèves. Faites-les cuire à la vapeur pendant 10 min : elles doivent rester un peu croquantes. Égouttez-les, puis assaisonnez-les avec l'huile et le jus de citron.

2 Pelez et pressez l'ail, puis ajoutez-le à la salade avec le cumin et le piment en poudre. Rectifiez l'assaisonnement en sel et en poivre et laissez tiédir. Dégustez tiède ou froid.

CONSEILS

• Si vous utilisez des fèves pelées surgelées, faites-les cuire comme indiqué sur l'emballage.
• Si vous craignez le goût de l'ail cru, faites cuire les gousses d'ail avec les fèves et écrasez-les avant de les ajouter à la salade.
• Cette salade s'associe bien avec la salade de carottes (voir p. 40) et la chakchouka (voir p. 34) pour des entrées aux couleurs du Maghreb.

SALADES EN ROULEAUX

ROULEAUX DE PRINTEMPS
CLASSIQUES

POUR 4 PERSONNES

PRÉPARATION : 30 MIN
CUISSON : 3 MIN

FACILE
COÛT €€€

MATÉRIEL

Rasoir à julienne
Torchon
Film alimentaire

100 g de vermicelles de riz • 2 beaux blancs de poulet cuits • 1 laitue • 1 carotte • 1 bouquet de menthe fraîche • 100 g de germes de soja frais • 8 crevettes moyennes coupées dans le sens de la longueur • 8 feuilles de riz sèches d'environ 30 cm de diamètre • Sauce pour nems

1 Préparez les vermicelles de riz comme indiqué sur le paquet en les faisant tremper dans de l'eau chaude quelques minutes. Rincez-les sous l'eau froide pour éviter qu'ils ne collent une fois égouttés.

2 Découpez les blancs de poulet en fines lanières dans la longueur. Lavez la laitue et essorez-la soigneusement. Découpez-la en chiffonnade. Épluchez la carotte et coupez-la en julienne avec un rasoir à julienne. Effeuillez la menthe.

3 Rassemblez tous les ingrédients sur le plan de travail. Préparez un récipient d'eau tiède pour y plonger les feuilles de riz. Immergez 1 feuille de riz dans le plat d'eau jusqu'à ce qu'elle soit assez souple pour être roulée. Déposez-la sur un torchon propre étalé sur le plan de travail, ou sur une planche.

4 Placez 2 demi-crevettes sur la feuille de riz humidifiée et 1 feuille de menthe (ainsi vous pourrez les voir en transparence une fois les rouleaux terminés). Ajoutez de la salade, de la menthe, un peu de carotte, des vermicelles de riz, quelques lanières de poulet et les germes de soja pour former une sorte de rectangle dans le bas de la feuille.

5 Fermez les rouleaux en n'hésitant pas à les serrer, tout en restant prudent pour ne pas déchirer la feuille de riz. Repliez les côtés, glissez un brin de ciboulette puis roulez le tout. Enveloppez-les dans du film alimentaire : cela aidera à les faire tenir jusqu'à ce qu'ils soient servis. Réservez au frais et servez avec la sauce pour nems.

ROULEAUX DE PRINTEMPS
GIRLY À LA BETTERAVE ET AU FROMAGE FRAIS

POUR 6 ROULEAUX

PRÉPARATION : 30 MIN

FACILE
COÛT €€

MATÉRIEL

Râpe à légumes
Torchon

1 petite betterave crue • ½ bouquet d'aneth • ½ bouquet de cerfeuil • 1 poignée de germes de soja ou de graines germées • 80 g de fromage frais (type St Môret®) • 1 cuil. à soupe de graines de sésame • Quelques gouttes de sauce pimentée • 6 feuilles de riz de 30 cm de diamètre • Sel, poivre

1 Pelez et râpez la betterave crue : cela tache beaucoup les doigts, mais cela part facilement au lavage, faites plus attention à vos vêtements en revanche...

2 Ciselez les herbes. Mélangez bien tous les ingrédients, sauf les feuilles de riz, pour qu'ils s'imprègnent des différents parfums et que le jus rose de la betterave colore le tout.

3 Remplissez d'eau tiède un saladier assez grand pour immerger les feuilles de riz et préparez une planche couverte d'un torchon propre. Trempez 1 feuille de riz quelques instants dans l'eau jusqu'à ce qu'elle s'assouplisse. Attention, si elle reste trop longtemps dans l'eau, elle va se défaire.

4 Préparez le premier rouleau. Placez la feuille de riz souple sur le torchon. Mettez 1 autre feuille à tremper pendant que vous faites un rouleau, et ainsi de suite.

5 Posez un sixième de la garniture sur le bas de la feuille de riz. Rabattez le bas de la feuille pour recouvrir la garniture, puis les côtés pour enfermer les ingrédients. Roulez en serrant un peu. Procédez de même pour les autres rouleaux.

CONSEIL
Si vous ne dégustez pas les rouleaux immédiatement, enveloppez-les un par un dans du film alimentaire : si les rouleaux se collent entre eux, vous ne pourriez plus les séparer sans les déchirer.

ROULEAUX DE PRINTEMPS THAÏS À LA MANGUE ET AUX CREVETTES, SAUCE *SWEET CHILI*

POUR 4 PERSONNES

PRÉPARATION : 40 MIN

FACILE
COÛT €€€

MATÉRIEL

Film alimentaire

100 g de vermicelles de riz • 2 cœurs de sucrine • 1 carotte • 1 mangue juste mûre • 1 poignée de feuilles de menthe • 1 poignée de feuilles de coriandre • 12 crevettes cuites • 8 feuilles de riz d'environ 30 cm de diamètre **POUR LA SAUCE :** 3 cuil. à soupe de nuoc-mâm (sauce de poisson) • 3 cuil. à soupe d'eau • 2 cuil. à soupe de jus de citron vert • 1 gousse d'ail hachée • 1 petit piment rouge haché (facultatif) • 4 brins de coriandre fraîche ciselés • 2 cuil. à soupe de sauce sweet chili • 1 cuil. à café de sucre en poudre

1 Préparez les vermicelles de riz comme indiqué sur le paquet en les faisant tremper dans de l'eau chaude quelques minutes. Rincez-les sous l'eau froide pour éviter qu'ils ne collent une fois égouttés.

2 Préparez la garniture. Émincez la salade. Épluchez et découpez la carotte en julienne. Pelez la mangue et découpez la chair en tranches, puis en bâtonnets. Effeuillez la menthe et la coriandre. Découpez les crevettes dans le sens de la longueur.

3 Préparez un récipient d'eau tiède assez grand pour y plonger les feuilles de riz. Immergez 1 feuille de riz jusqu'à ce qu'elle soit assez souple pour être roulée. Déposez-la sur le plan de travail, ou sur une planche.

4 Placez 3 demi-crevettes sur la feuille de riz humidifiée et 1 feuille de coriandre : ainsi vous pourrez les voir par transparence une fois les rouleaux terminés. Ajoutez de la salade, de la menthe, un peu de carotte, de mangue et des vermicelles de riz pour former une sorte de rectangle dans le bas de la feuille.

5 Rabattez le bas de la feuille sur la garniture, puis repliez les côtés. Fermez les rouleaux en n'hésitant pas à les serrer tout en restant prudent pour ne pas déchirer la feuille de riz. Enveloppez-les, un par un, dans du film alimentaire, cela aidera à les garder frais et tendres jusqu'au moment de servir.

6 Préparez la sauce en mélangeant tous les ingrédients. Servez les rouleaux coupés en deux afin que l'on voit l'intérieur, accompagnés de petits bols de sauce.

ROULEAUX DE PRINTEMPS
À LA GRECQUE

POUR 4 PERSONNES (16 petits rouleaux)

PRÉPARATION : 30 MIN

FACILE
COÛT €€

MATÉRIEL

Torchon

2 sucrines, ou 2 cœurs de laitue, ou 1 laitue classique • 4 petits oignons de printemps • 1 morceau de 10 cm de concombre • 10 tomates cerise • 4 ou 5 brins de coriandre fraîche • 80 g de feta • Un peu de graines de sésame • 15 feuilles de riz d'environ 20 cm de diamètre
POUR LA VINAIGRETTE : Huile d'olive • Vinaigre de vin ou balsamique blanc • Sel, poivre

1 Émincez finement la salade et les oignons. Coupez le concombre en petits bâtonnets fins. Coupez les tomates cerise en deux. Effeuillez la coriandre. Découpez la feta en petits dés et mélangez-la avec les graines de sésame. Versez le tout dans le saladier.

2 Préparez un saladier d'eau tiède assez grand pour immerger les feuilles de riz, et une planche couverte d'un torchon propre. Trempez 1 feuille de riz pendant environ 1 min dans l'eau jusqu'à ce qu'elle soit bien souple. Posez la feuille sur le torchon.

3 Déposez un peu de salade sur le tiers inférieur de la feuille en répartissant les demi-tomates cerise et les morceaux de feta sur la longueur.

4 Rabattez le bas de la feuille de riz sur la salade et serrez un peu la garniture. Rabattez les 2 côtés de la feuille pour enfermer la farce et aplatissez les parties repliées pour former une sorte de bande avec la partie garnie en bas. Roulez en serrant bien. La feuille aura séché un peu sur le torchon et cela collera facilement (si toute la garniture est bien enfermée à l'intérieur).

5 Préparez la vinaigrette en mélangeant tous les ingrédients. Servez les rouleaux et la vinaigrette répartie dans de petites coupelles individuelles.

ROULEAUX D'HIVER
AU CHOU BLANC ET À LA POMME

POUR 4 PERSONNES

PRÉPARATION : 40 MIN

FACILE
COÛT €€

MATÉRIEL

Mandoline ou robot
Râpe à légumes
Torchon

¼ chou blanc • 1 carotte • 1 pomme Granny • 2 cuil. à soupe de cranberries séchées ou de raisins secs • 8 feuilles de riz d'environ 22 cm de diamètre
POUR LA SAUCE : 2 cuil. à soupe de mayonnaise • 3 cuil. à soupe de yaourt brassé • 1 cuil. à soupe de vinaigre de cidre • 1 pincée de sucre en poudre • ¼ de cuil. à café de curry en poudre • Sel, poivre

1 À l'aide de la mandoline, émincez très finement le chou. Épluchez et râpez la carotte. Épluchez la pomme, épépinez-la et coupez-la en bâtonnets. Mélangez ces ingrédients dans un saladier et ajoutez les cranberries.

2 Préparez un saladier d'eau tiède assez grand pour immerger les feuilles de riz. Recouvrez une planche d'un torchon propre. Trempez 1 feuille de riz quelques secondes dans l'eau jusqu'à ce qu'elle soit bien souple. Posez la feuille sur le torchon.

3 Déposez un peu de salade sur le tiers inférieur de la feuille en répartissant bien les différents ingrédients. Rabattez le bas de la feuille de riz sur la salade et serrez un peu la garniture. Rabattez les 2 côtés de la feuille pour enfermer la farce et aplatissez les parties repliées pour former une sorte de bande avec la partie garnie en bas. Roulez en serrant bien.

4 Préparez la sauce en mélangeant la mayonnaise, le yaourt, le vinaigre, le sucre et le curry. Salez et poivrez. Servez les rouleaux avec la sauce à côté.

BLT (BACON, LAITUE, TOMATE)
EN ROULEAUX

POUR 4 PERSONNES

FACILE
COÛT €€€

PRÉPARATION : 30 MIN
CUISSON : 5 MIN

1 belle laitue bien tendre • 4 tomates • 2 ou 3 oignons verts • 8 tranches de bacon • Vinaigrette classique ou de votre choix pour accompagner (voir p. 23)

1 Lavez la laitue et prélevez 8 belles feuilles. Coupez le reste du cœur en chiffonnade. Lavez et coupez les tomates en quartiers fins. Émincez finement les oignons verts.

2 Dans une poêle, sans matière grasse, faites dorer les tranches de bacon, puis détaillez-les en bâtonnets quand elles sont encore chaudes : ils vont durcir en refroidissant et devenir croustillants.

3 Mélangez la chiffonnade de laitue, les tomates et le bacon grillé. Posez 1 feuille de laitue sur la planche, garnissez-la de salade. Formez un rouleau ou un cornet. Déposez-la sur un plat. Faites de même avec 7 autres feuilles de laitue.

4 Présentez les rouleaux avec la vinaigrette de votre choix dans des petits bols et chaque convive assaisonnera son rouleau à son goût.

CONSEIL
Servez avec des toasts grillés qui rappelleront le traditionnel sandwich « BLT » américain.

WRAPS DE POULET TEX MEX, POIVRONS ET SAUCE CRÉMEUSE

POUR 4 PERSONNES

FACILE
COÛT €€€

PRÉPARATION : 20 MIN
CUISSON : 15 MIN

2 blancs de poulet • 1 sachet d'épices mexicaines à fajitas • 1 cuil. à soupe d'huile • 1 laitue • 1 tomate • 1 poivron rouge • 1 oignon rouge • 4 tortillas de blé ou de maïs **POUR LA SAUCE :** 2 cuil. à soupe de fromage blanc • 3 cuil. à soupe de mayonnaise • 1 cuil. à café de paprika • 1 cuil. à café d'origan séché

1 Coupez les blancs de poulet en lamelles. Saupoudrez-les d'épices, mais gardez-en 1 pincée pour la sauce. Faites-les cuire dans une poêle avec l'huile en remuant souvent pendant 10 min. Laissez-les refroidir.

2 Lavez les légumes et épluchez l'oignon. Coupez la salade en chiffonnade, la tomate en lamelles fines, ainsi que le poivron et l'oignon.

3 Préparez la sauce en mélangeant le fromage blanc, la mayonnaise, le paprika et l'origan séché ainsi que la pincée d'épices mexicaines.

4 Préparez les wraps. Sur 1 tortilla, étalez un peu de sauce crémeuse, déposez quelques légumes et des lamelles de poulet. Roulez la galette en cône. Renouvelez l'opération jusqu'à épuisement des ingrédients et dégustez.

SALADES DE FRUITS

SALADE DE FRAISES
À LA GELÉE D'ORANGE

POUR 4 PERSONNES

PRÉPARATION : 15 MIN
CUISSON : 5 MIN
REPOS : 5 H

FACILE
COÛT €€

MATÉRIEL

Presse-agrumes

3 oranges • 2 g d'agar-agar • 500 g de fraises • Un peu de sucre en poudre (facultatif) • Un peu de menthe ciselée

1 Pressez les oranges et versez leur jus dans une casserole. Mettez-le à chauffer. Ajoutez l'agar-agar et maintenez une ébullition à petits bouillons pendant 1 min.

2 Versez le liquide dans un plat ou une boîte hermétique assez grande pour obtenir une couche d'environ 1 cm de haut. Laissez refroidir à température ambiante, puis réservez au frais jusqu'à la prise complète, soit pendant environ 4 h. Lorsque la préparation est bien prise, démoulez-la et découpez-la en petits cubes réguliers.

3 Lavez et équeutez les fraises. Déposez-les dans un saladier. Sucrez-les un peu éventuellement, puis ajoutez les cubes de gelée d'orange. Réservez au frais pendant 1 h. Parsemez la salade de menthe fraîche juste avant de la servir bien fraîche.

4 Saupoudrez d'un peu de sucre en poudre si les fraises ne sont pas très sucrées.

SALADE DE MELONS À LA MENTHE

POUR 4 PERSONNES

PRÉPARATION : 10 MIN

FACILE
COÛT €€

MATÉRIEL

Cuillère parisienne

2 melons de Cavaillon • ½ melon d'eau ou jaune • 3 cuil. à soupe de sirop de sucre de canne • Le jus de ½ citron jaune • ½ bouquet de menthe

1 Coupez les melons en deux, enlevez les graines et, à l'aide d'une cuillère parisienne, prélevez des boules dans la chair des fruits.

2 Placez les boules de fruits dans un saladier. Arrosez de sirop de sucre de canne et de jus de citron. Réservez au frais jusqu'au moment de servir. Parsemez la salade de menthe ciselée au dernier moment.

VARIANTE

En saison, ajoutez de la pastèque (1 belle tranche) à cette salade.

SALADE D'ORANGES
À LA MAROCAINE

POUR 4 PERSONNES

PRÉPARATION : 20 MIN

FACILE
COÛT €

6 oranges (maltaises, en saison) • 2 cuil. à soupe de miel liquide • 3 cuil. à soupe d'eau de fleur d'oranger • 1 cuil. à café de cannelle en poudre

1 Pelez les oranges à vif : coupez un chapeau en haut et en bas de l'orange, puis, à l'aide d'un couteau à dents fines, retirez la peau en longeant la chair de l'orange, en veillant à bien retirer la membrane blanche en même temps que la peau. Coupez les oranges en tranches fines en veillant à récupérer le jus qui s'échappe.

2 Mélangez le jus d'orange avec le miel et l'eau de fleur d'oranger. Déposez les tranches dans un plat creux et arrosez-les de ce « sirop ». Au moment de servir, saupoudrez la surface de la salade de quelques traits de cannelle en poudre.

SALADE D'AUTOMNE
AUX POMMES, POIRES ET FRUITS SECS

POUR 4 PERSONNES

FACILE
COÛT €€

PRÉPARATION : 20 MIN
INFUSION : 15 MIN
REPOS : 2 H

2 sachets de thé Earl Grey • 10 cl d'eau chaude • 4 cuil. à soupe de sucre en poudre • 8 pruneaux • 8 abricots secs • 2 pommes • 2 poires Conférence • 1 poignée de fruits à coques de votre choix (noisettes, noix, amandes, pignons…)

1 Faites infuser les sachets de thé dans l'eau chaude pendant 15 min, puis ajoutez le sucre. Mettez les pruneaux et les abricots secs à gonfler dans ce thé chaud, puis laissez reposer 2 h.

2 Épluchez, épépinez et coupez les pommes et les poires en quartiers. Ajoutez-les au sirop contenant les fruits réhydratés.

3 Ajoutez les fruits à coque de votre choix au dernier moment pour qu'ils conservent leur croquant.

4 Servez cette « salade-compote » accompagnée de yaourt, de fromage blanc ou encore de boules de glace à la vanille.

SALADE DE FRUITS EXOTIQUES
D'HIVER

POUR 4 PERSONNES

FACILE
COÛT €€

PRÉPARATION : 20 MIN
CUISSON : 5 MIN
REPOS : 1 H

1 mangue • 1 ananas • 2 bananes • 8 litchis • 4 fruits de la Passion • 1 grenade **POUR LE SIROP :** 10 cl d'eau • 80 g de sucre en poudre • 3 cuil. à soupe de rhum brun

1 Préparez un sirop en mélangeant l'eau et le sucre. Faites bouillir pendant 5 min. Laissez refroidir complètement, puis, ajoutez le rhum dans le sirop.

2 Épluchez et découpez la mangue en tranches fines, l'ananas et les bananes en morceaux. Pelez et dénoyautez les litchis. Coupez les fruits de la Passion et prélevez-en la chair à l'aide d'une cuillère.

3 Épluchez et coupez la grenade pour en récupérer les grains. Mélangez tous les fruits avec le sirop au rhum et laissez mariner 1 h au frais.

QUELQUES IDÉES DE MENUS

BUFFET ORIENTAL

SALADE MAROCAINE DE CAROTTES AU CUMIN ET À LA MENTHE P. 40

FATOUCHE LIBANAISE P. 44

SALADE D'ORANGES P. 168

MENU AUX NOTES HIVERNALES

SALADE DE COURGES RÔTIES, POULET ET GRAINES GRILLÉES P. 125

SALADE DE BETTERAVES, CAROTTES ET AIL RÔTIS, FETA, SEMOULE ET HERBES FRAÎCHES P. 130

SALADE DE FRUITS EXOTIQUES D'HIVER P. 172

À EMPORTER EN PIQUE-NIQUE

COLESLAW P. 91

SALADE DE PÂTES
À L'ITALIENNE P. 109

SALADE DE MELONS
À LA MENTHE P. 166

POUR ACCOMPAGNER UN BARBECUE

VÉRITABLE TABOULÉ VERT
LIBANAIS P. 132

SALADE NIÇOISE P. 102

SALADE DE POMMES
DE TERRE, CRESSON
ET ŒUFS DURS P. 74

POUR UN PLATEAU TÉLÉ

ROULEAUX DE PRINTEMPS
À LA GRECQUE P. 154

SALADE CÆSAR
AU POULET P. 90

SALADE D'AUTOMNE
AUX POMMES, POIRES
ET FRUITS SECS P. 170

POUR LES ENFANTS

SALADE DE PÂTES
AUX LÉGUMES D'ÉTÉ RÔTIS
P. 118

BLT (BACON, LAITUE, TOMATE)
EN ROULEAUX P. 158

SALADE DE FRAISES
À LA GELÉE D'ORANGE P. 164

ANNEXES

MESURES ET ÉQUIVALENCES

MESURER LES INGRÉDIENTS

INGRÉDIENTS	1 CUIL. À CAFÉ	1 CUIL. À SOUPE	1 VERRE À MOUTARDE
Beurre	7 g	20 g	-
Cacao en poudre	5 g	10 g	90 g
Crème épaisse	1,5 cl	4 cl	20 cl
Crème liquide	0,7 cl	2 cl	20 cl
Farine	3 g	10 g	100 g
Liquides divers (eau, huile, vinaigre, alcools)	0,7 cl	2 cl	20 cl
Maïzena®	3 g	10 g	100 g
Poudre d'amandes	6 g	15 g	75 g
Raisins secs	8 g	30 g	110 g
Riz	7 g	20 g	150 g
Sel	5 g	15 g	-
Semoule, couscous	5 g	15 g	150 g
Sucre en poudre	5 g	15 g	150 g
Sucre glace	3 g	10 g	110 g

MESURER LES LIQUIDES

1 verre à liqueur	= 3 cl
1 tasse à café	= 8 à 10 cl
1 verre à moutarde	= 20 cl
1 mug	= 25 cl

POUR INFO

1 œuf	= 50 g
1 noisette de beurre	= 5 g
1 noix de beurre	= 15 à 20 g

RÉGLER SON FOUR

TEMPÉRATURE (°C)	THERMOSTAT
30	1
60	2
90	3
120	4
150	5
180	6
210	7
240	8
270	9

TABLE DES RECETTES

A

B

C

F

H

P

R

S

V

W

INDEX PAR INGRÉDIENT

TABLE DES MATIÈRES

DANS LA MÊME COLLECTION

FAIT MAISON

Apéros
Apéros dînatoires
Barbecue et plancha
Biscuits et petits gâteaux
Bocaux, compotes et confitures
Chocolat
Classiques d'hier et aujourd'hui
Cocktails, jus et liqueurs
Cocottes et mijotés
Confitures, gelées et marmelades
Enfants : mon premier livre de cuisine
Étudiants
Fêtes maison
Foie gras et terrines
Gâteaux
Gâteaux de maman
Glaces, sorbets et granités
Grandes tablées
Grands classiques sucrés
Gratins et tians
La petite crèmerie
Macarons & meringues
Pains & viennoiseries
Pasta
Pizzas, quiches et cakes
Plats préparés à l'avance
Poissons & fruits de mer
Recettes pour bébés (0-3 ans)
Salades
Sauces, chutneys et marinades
Soupes et veloutés
Tartes
Wok

REMERCIEMENTS

Je remercie chaleureusement Anne Vallet de m'avoir confié la réalisation de ce livre et Aline Princet pour sa vision gourmande de mes recettes.
Je remercie également tous mes amis qui savent m'encourager à continuer en goûtant et en cuisinant mes recettes !

Isabelle Guerre

58, rue Jean Bleuzer – 92178 Varves Cedex

Direction : Catherine Saunier-Talec
Responsable éditoriale : Céline Le Lamer
Responsable de projet : Anne Vallet
Responsable artistique : Antoine Béon
Conception intérieure : Minsk
Réalisation intérieure : Les Paoistes
Fabrication : Amélie Latsch
Responsable partenariats : Sophie Morier (smorier@hachette-livre.fr)

Dépôt légal : mars 2016
26-3374-06/01
ISBN : 978-2-01-171394-0
Impression : Cayfosa, Espagne

FAIT MAISON D'AILLEURS

Amérique du Sud

Asie

Cuisine créole

Enfants : mon premier livre de cuisine, recettes du monde

Espagne

États-Unis

Grèce

Inde

Italie

Japon

Liban

Maroc

Thaïlande

Vietnam

FAIT MAISON FRANCE

Bretagne

Provence

Recettes ch'tis

FAIT MAISON BON & SAIN

Desserts sans sucre

Détox

Graines, céréales et légumineuses

Pâtisserie autrement (sans gluten, sans œufs, sans sucre, sans lactose)

Sans gluten

Sans lactose

Sans sel

Superaliments

Vegan

Végétarien